LOUIS LOISEAU

Echos de Terroir

CHANSONS, CHANSONNETTES
MONOLOGUES & POÉSIES WALLONNES

MALINES
L. & A. GODENNE, Imprimeurs-Editeurs
28, Grand' Place, 28

1897

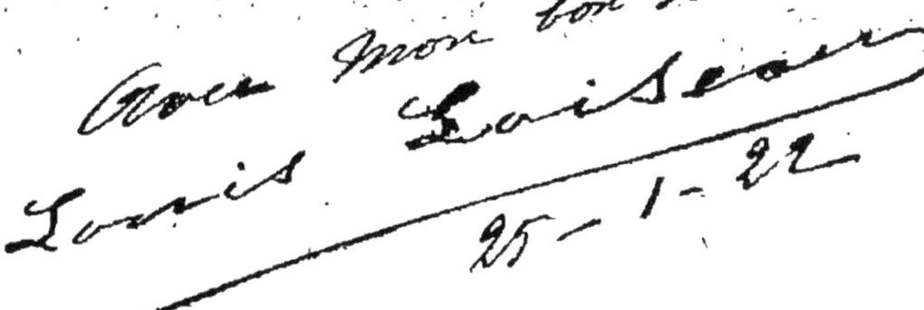

LOUIS LOISEAU

Echos de Terroir

CHANSONS, CHANSONNETTES
MONOLOGUES & POÉSIES WALLONNES

MALINES
L. & A. GODENNE, Imprimeurs-Editeurs
28, Grand' Place, 28

1897

Vinoz Fèfeïe!

(musique de Léon Aerts)

Vinoz, djolie, au fond do boès
N' z'irans promoinrner d'zos l'ombradge !
Les mouchons catchis dins l' fouilladge,
Po no choûter, bach'ront leû 'voèx !
Tot bas dj' vos direûve à l'orèie
Mes soudges di bonheûr et d'amour!
Nos nos les r'dirainnes tour à tour,
Vinoz, Fèfeïe !

Vinoz, djolie, po vos fiester,
Les fleûrs si doûv'ront sus noss' vouïe!
Nos pass'rans causu sins les vouïe,
Tot ès choutant noss' cœûr tocter!
L'amour ès l'âme di tote djone fèie,
Appoite del gaité po longtimps!
I nos dôrait d's heureux momints,
Vinoz, Fèfeïe!

Vinoz, djolie, voci l' momint
Où l' nait si stind pa d'zos les fouïes!
Po nos lumer n' z'aurans vos ouïes,
Parèies aux stoèles do firmamint!
S'ainmer, gn'a vraimint rin d' parèie,
C'est là l' bonheûr di nos vingt ans!
Et tos les deux nos nos ainm'rans.
Vinoz, Fèfeïe!

A Moûse

O Moûse, ès vos r'vèyant dji sins m' cœûr qui toctèe,
Dj'a passé sus vos boirds li mèyen di m' djonne timps,
Dji m' rappelle adlez vos mi djonnesse èsvolée
Et di ses djoûs heureux, on s'ès sovint longtimps.

Comme des djonnes sauverdias qui pude-nu leu volée,
Dissus les vis remparts quand nos estainnent gamins,
Dlez vos boirds nos courainnes ès tchantant à riglée
Ès lingadge do pays nos rondias enfantins.

Astheûre tot est candgi, li djonnesse ess't' èsvouïe,
Les remparts dismolis ! Si dji voux co les r'vouïe,
C'est l' sovenance audjourdu qui fé r'viquer c' timps-là !

Et les ans vont todi s'abachant sus noss' tiesse,
Nos estainnes djonnes haïr, nos voci dins l' vïesse,
Et taut qui l' monde irait, c'sèrait todi comme ça !

A Nanette

Quand dj' vos voès passer fringuette
Tapant l'ouyâde sus l' costé,
Dins m' cœur, tot plein d' vos, Nanette,
Dji sins v'nu l'annoyeusetė,
Car i plée d'sos l'amoncelée
D' tot l'amour qui r'sint por vos,
Et m' pôve âme est tote fayée !
Volà c' qui l'âmour fait d' nos !

Si v' vôriz portant djolie,
Nos irainnes pa les grands boès,
Dji vos téreuve trèlacie
Po mia comèler nos voèx!
Mirant mes ouïes dins vos ouïes,
Ni vèyant au monde qui nos!
N's irainnes soudgî d'sos les fouïes,
Si l'amour v'neuve adlez vos?

Et nos viqu'rainnes au villadge,
Sins souci des djoûs à v'nu,
Heureux d' vouïe ès noss' moinnadge,
Todi l'amour nos sot'nu
Et dj'y pougereuve à bressies
Sumant l' bonheur autou d' nos!
V'là c' qui dj' f'reuve di nos deux vies,
Si dji sèreuve ainmé d' vos!

Poésie lue au Cimetière de Belgrade-lez-Namur, sur la tombe de Nicolas Bosret, par Monsieur J.-B. Altemberg, lors de la visite de souvenir faite par la Société de Moncrabeau aux tombes des vieux chansonniers Namurois, le 24 Septembre 1893.

On n'ètind pus tchanter les fleûrs et les boscadges,
Les sourdants, les campagnes, les plaigis des villadges!
Tos nos vix rossignols ont dû djoquer leûs tchants,
Li moirt les a fauchis, v'nant raclèri nos rangs!
Moncrabeau s' sovint co di ses bellès annèes,
I tchante co tos les djoûs leûs tchansons, leûs pasquées,
Qui veignent-nu rèwèyî dins l' cœûr des Namuroès,
Ès rappèlant l' vîx timps, l'amour di noss' patoès!

On a l' mèmoère do cœûr didins l' Moncrabeautie
Et nos vîx tchansonnis nuque di nos n' les rovie!
Audjourdu d'lez leûs tombes nos voci rassimblés,
Totes les âmes sonss't émeuwes..... tos les cœûrs sont
[serrés!
Gu'a des wîdes dins les rangs por on ciuquantènaire
Et nos avans volu mârquer l'anniversaire,
Par on suprainme hommadge à rinde à nos aïeux
Es rappèlant l' sov'nance di tos nos vîx tchanteux!

Leûs œûves sont co stampées po sot'nu leû mémoère
Et leûs noms dèdjà grands, sonss't èvouïe à l'histoère!
A Nameur nos èfants tot tchantant l' bia bouquet,
Diront à leûs èfants : « c'est l' tchanson da Bosret! »
Les vîx airs do pays, jamais on n' les rovie
Si lon qu'on seuïe èvouïe i's rappellent-nu l' patrie,
C'ess't on doux vint qui passe et qui vint radouci
Les tourmints et les poainnes qu'on a tortos vaici!

On n' rovierait jamais les roès di noss' lingadge,
Les cias qu'ont fait r'flori noss' patoès, noss' ramadge,
Wèrotte, Suars et Janus, Lagrange, Honinckx, Colson,
Avou Bosret c'esteuve li fleûr di noss' wallon!
I's ont tchanté sus tot, passant gaimint leû vie
A fiester leû cité, leû wallon, leû patrie!
I's ont douviet les vouïes à sûre pa leûs èfants,
Fidéles à leû mèmoère, todis nos les sûrans!

Comme zels nos sèrans là po disfinde noss' lingadge,
Ès sondgeant à nos moirts nos aurans do coradge
Et Moncrabeau todi tchant'rait noss' vîx patoès,
Ès t'nant bin disployî l' vîx drapia Namuroès!
Ès sûvant leûs eximpes nos ainmans noss' patrie,
Noss' Nameur, noss' lingadge et noss' chère Wallonie,
D' lautge et d' long noss' dèvis' pout s' dire avou fierté
C'est : « Tot po l' Wallonie et tot po l' charité! »

Adiet vix tchansonnis, ripoisoz bin paugères,
Maugrè l' timps vos èfants n'ont nin rovi leûs péres,
I's ont grandi bèrcés pa tos vos tchants wallons,
Et bèrc'ront leûs èfants pa les mainmès tchansons!
Nameur dispeu longtimps po fiester voss' mèmoère
Donne vos noms à ses reuwes po couronner voss' gloère!
D'zos vos tombes totes flories, pa nos fleûrs, vos lauwris,
Ripoisoz bin paugères... doirmoz, vix tchansonnis!

Dj'ès sos toquée!

(musique de Fernand Lhôneux).

(créée par Mme *Laure Herdies*).

C'est d'moin l' djoû qui dj' vas m'aloyî
Nos v'là dins l' saison des caqu'lindges,
Il esteuve timps di s' mèfyî,
Car dji spitteuve comme les masindges!
Quand dj' voès passer m' galant Lubin,
Maugrè mi, gn'a m' cœûr qui toctée!
Espétchi ça, dji n' saureuve nin!
Dj'ès sos toquée! (bis).

Quand Lubin s' boute à costé d' mi,
Po m' rabressî, po m' fer caresse,
Dji sos tote tronnante adlez li,
Prête à flauwi quand i m' rabresse!
Totes les maraïes ont r'sintu ça
On z'est djônne, on ess't èfouffée!
Et c'est l'amour qui bouche vailà,
Dj'ès sos toquée! (bis).

Quand à deux nos allans au boès,
Dji sins mi stomac qui ranquie,
Quand Lubin cause, dji sos sins voèx,
Dizos l' pia gn'a l' song qui m' chaupie!
Tot ès choûtant les p'tits mouchons,
Ça chonne si bon quand tchait l' vièsprée,
Di s' piède à deux d'zos les bouchons!
Dj'ès sos toquée! (bis).

Di peu d'awet des accidints,
Mi, qui prind feu comme one brocale,
Di fer l' grand nuque il esteuve timps,
Dji sètchicheuve comme on astalle!
Astheure qui dj' pôrais l' cafougni
Et l' rabressi tote li djournée,
Nos pass'rans l' timps à nos lètchi!
Dj'ès sos toquée (bis).

Nos n' pôrans mau di piède noss' timps!
Vos vièroz qu' nos aurans coradge,
Et qu' nos n' taud'grans nin trop longtimps,
Po z'agrandi li p'tit moinnadge!
Si quèques novias Wallons veignent-nu,
Et s'il ès vint mainme à riglée,
C'est cor ostant po nos sot'nu!
Dj'ès sos toquée! (bis).

D'lez l' coirneu do tchestia

(3e prix de poésie. — Caveau Liégeois, 1892)

Gn'a saquans ans dj'aveuve ieu l' fantaisie,
Di passer l' nait d'lez l' coirneu do tchestia.
Vraimint c' nait-là, c'esteuve one nait tchoèsie,
One nait d'esté, tot ci qui gn'a d' pus bia!

Mèenait sonneuve au vîx bèffroè del ville
Et l' coirneu v'nait d' dire bonsoèr à tortos,
Tot à l' valée on s'èdoirmeuve tranquille,
Les dairins brûts vinainnent moru d'lez nos !

Alors tot seû dj'a d'mèré d'lez l'aubette,
Riwaitant Sambe adlez Moûse accouru,
Et dji m' digeais tot m' coutchant sus l'herbette :
Si Moûse p'lait r'dire tot ci qu'elle a vèyu !

Où sont les vîx témoins di nos bataïes,
Piednoir, Orintge, St-Antoine, Biwonac,
Coqu'let, Ballar, St-Fiaque et les muraïes,
Qu' Boèleau tchanteuve à Flawenne au bivac ?

Et les chacheux ? Ces vîx malins, nos péres,
Dèdjà fârceux, vrais aïeux des molons ?
Ah ! c'enn' esteuve ça des joèyeux compéres,
C'esteuve bin là des bons et francs Wallons !

Et pus près d' nos gn'a co dige-hût-cint-trinte,
Quand nos parints, naugis d' l'adversité,
Ès vrais wallons ni s' sont nin fé rattinde
Po d'ner leu vie au cri di : Liberté !

Puis dji sondgeuve à noss' bia vîx lingadge,
On l' rovie tant, noss' bon vix Namuroès !
Et portant tot mouchon s' plait dins s' ramadge,
Tot wallon n' doèt-i nin s' plaire ès s' patoès ?

Dji m' rappèleuve li nait Moncrabeautienne,
Où l'on vèyait : Wérotte, Colson, Bosret,
Lagrange et Suars, Janus, tortos môrdienne,
Danser ès rond, tot tchantant l' bia bouquet !

Tot ès soudgeant les ptitès heures passainnent,
Li solia v'nait sus les boès d' Guronseau,
Sus l' grand martchi les paysans d'visainnent,
Dji d'mèreuve là, comme on Colau-Manceau !

Quand dj'a paurti, li solia rilûgeuve,
Des Grands-Malades au platia d'Hastèdon,
A St-Auboin li carïon djoueuve
Et l' vîx bèffroè sonneuve l'heure ès bourdon !

Dji m' sovairais di c' nait-là tote mi vie,
Elle évoqueuve les sov'nances do vîx timps,
Emotion qui jamais on n' rovie,
Elle m'a donné li pus doux des momints !

Lèyoz passer les Amoureux!

(musique de Fernand Lhôneux).

Waitoz les rotter tos les deux,
Avou leu p'tit cœur frum'giant d'auge !
Comme on voèt bin qui sonss't heureux.
Rin qui d' les vouïe, ça rind bunauge !
Ossi, ni les èsbarans nin,
Riwaitans-les, mais ès catchette,
Et tot ès n' fiant chonnance di rin,
I n' faut nin geainner l'amourette !

Refrain.

Léyoz passer les amoureux, } bis
On est si bin, quand on est deux ! }

I z'ès vont là, li mouain dins l' mouain,
S' riwaitant tot au fond des ouïes!
N' vèyant qu' des fleurs dissus leu tch'min,
Et l' vint qui soffelle dins les fouïes
S' fait pus doux po les caressî,
A poinne si fait r'mouer l' fouïadge!
C'est l' bon momint po s' rabressî,
Prinde on p'tit à compte sus l' mariadge!

Di les awet vèyu passer,
Dji sins co m' vîx cœur qui dgigotte,
D'zos m' casawet, djel sins danser,
On djônne amour, ça ravigotte!
Ça rappelle les heureux momints,
Où nos ès n'n'allainnes à l' viesprée,
C'ess't one sovenance di noss' prétimps!
Di noss' belle djonnesse enn' allée!

Li Carïon d' St-Auboin

(musique de Fernand Lhôneux)

(Créée par Mme Laure Herdics.)

Dji m' sovins, quand dj'esteuve pitite,
Dj'enn' alleuve sus l' tchestia, fer l' tchet!
Mon Diet todi, qu' les ans vont vite,
Ah! di c' timps-là comme on riait!
Po les heures on s' riconnicheuve
A l' musique do vîx carîon,
Et tortotes si ratte qui djouèuve,
Nos nos digeainnes dès l' prumi son;

Refrain

Volà l' quart di l'heure qui sonne
Aux vix carïon d' St-Auboin,
Dischindans tortotes èchonne,
Si fait bia nos r'vairans co d'moin !

Et pus taurd quand dj'a sti d'moèselle,
On bia djônne homme l'air bin riv'nant,
On djoû, m'arrête et m' dit : « Chére belle,
Por vos, m' pôve cœur est tot brûlant ! »
Adlez li, maugré mi dj' trouneuve,
Et portant, dji n'aveuve nin peu!
Mais, comme li carïon djoueuve,
Dj'a respondu, li cœûr joèyeux :

Refrain

V'là l' quart di noûve heures qui sonne
Au vix carïon d' St-Auboin!
N' faut nin qu'on nos vouïe èchonne,
Monsieu, nos nos r'voèrans co d'moin !

Li lend'moin dj' l'a r'trovè sus m' vouïe,
I m'a causé si dgintimint!
Ça m' fieuvé tant d' plaigi del rivouïe,
Qui dj' respondeuve à s' sintimint!
Dj' l'aureuve choûtè tote one djoûrnée,
Dji croès qu' tot l' monde a sti comme ça,
Et c'est li sus l' fin del' soèrée,
Qu'a dû m' rappèler ci djoû-là :

Refrain

V'là l' quart di noûve heures qui sonne
Au vix carïon d' St-Auboin!
N' faut nin qu'on nos vouïe èchonne,
Mamzelle, nos nos r'voèrans co d'moin!

Astheûre nos èstans ès moinnadge,
I gn'a dèdjà bin longtimps d' ça,
L'amour est co sus noss' rivadge,
C'est todi li qu'est maisse vailà!
Ah! noss' vîesse est bin heûreuse,
A deux, nos porsûvans li tch'min,
Et nos èstans d'humeur joèyeuse,
Quand nos ètindans l' doux drèlin :

Refrain

Do quart di noûve heures qui sonne,
Aux vîx carîon d' St-Auboin!
Nos choûtans les cloques èchonne,
Tot-à-fait comme ès noss' djônne timps!

Vos sovenoz co bin, Nanette?

(4e prix au Caveau Liègeois-1892)

—

(Air : *Faut qu' je l' demande à Maman*)

Vos sovenoz co bin, Nanette?
Di ça gn'a dèdjà longtimps!
Quand, po d'viser d'amourette
Saisichant tos les momints,
Maugré voss' père qui brûteuve
Et m' moman qui rawandait,
Dins tos les coins on s' catcheuve,
Ah! quén' heureux timps c'estait!

Pére et mère avainnent beau dire
Qui c' bia feu-là n' dur'reuve nin,
Di tot ça nos n' fiainnes qui rire,
Noss't amour n'y pièrdait rin.
Bin qu' nos fuchange ès vïesse,
On ainme co di s' riwaiti!
Comme au timps di noss' djonnesse,
Nos nos vèyans co volti!

Quand po nos mette ès moinnadge
N' z'avans compté tos les deux,
Nos n'avainnes po tot potadge,
Qui nos deux cœûrs amoureux!
Maìs, tos les djoûs, rindant poinne,
Nos avans seu travayi,
Trovant tot l' long del sàmoinne,
L'amour po nos ragayi!

Et po bèni noss' mariadge,
Li bon Diet nos èsvoya,
Di noss't amour on doux gadge,
Chér trèsor qui nos donna!
Po qui l'èfant n'euche pon d' poinnes,
Tos les deux, nos aurins d'né,
Jusqu'au dairin song d' nos woinnes.
Mais, c'estait po l' bin-ainmé!

Astheûre nos voci sus l' vouïe,
Où l'amour va paugèrmint!
C'est l' momint d' li dire à r'vouïe,
Car on r'tchait tot doucett'mint!
Maugrè l'àdge et les années,
C'est co bon di s' caressi,
Et nos âmes sont co r'mouées,
Quand nos v'lans nos rabressi!

Dins nos vîx djoûs c' qui console,
On n' pout nin dire ça tortos,
C'est quand noss' pinsée èsvole,
Aux ans qui sont padrî nos!
Nos n'y' vèyans pon d' nuadge,
Ni r'grets po nos chagriner,
Car dins noss' pitit moinnadge,
L'amour a seu tot moinrner!

A Nameur!

(Air : *Le plus heureux de la terre*)

Quand à l' viesprée dji passe ès l' Plante
Et qui dj' riwaite tot autoû d' mi,
I gn'a vraimint tot qui m'enchante,
On direûve on p'tit Paradis!
Les fleûrs, li verdeû, les campagnes,
Li Moûse, les rotches et les grands boès
Et les vix aubes di nos montagnes,
Po les tchanter dj'a trop pau d' voèx!

Rèfrain

Et todis quand dj' les r'voès,
Dji sos tot fiér di m' patrie!
Au fond di m' cœûr qui frum'gie,
Dj'ètinds comme one voèx qui crie :
O m' vix Nameur, gn'a rin d' si bia qu' toè!

On voèt passer Moûse gracieûse,
Fiant r'glati ses flots ardgintés !
On direuve qu'elle ess't amoureûse
Di nos bias rivadges enchantès !
Elle èva pa d'zos l' vix pont d' Jambe,
Tot s' pormoinrnant sins s' dispètchî,
One miette pus lon rascoude li Sambe,
Qu'accourt à lèïe sins s' fer priyî.

Rèfrain

Todis quand dj'el rivoès,
Dji sos tot fiér di m' patrie,
Au fond di m' cœûr qui frumgie,
Dj'ètinds comme one voèx qui crie :
Fleûve do pays, gn'a rin d' si bia qu' toè

On ètind tchanter dins l' boscadge,
Rossignols, faubittes et pinsons !
On d'meûre à choûter leu ramadge
Charmé pas leus gaiès tchansons !
T'a n'awette on passant sus l' vouïe,
Mûsée on p'tit air Namuroès,
Et dji sos tot bunauge di vouïe
Qu'on tchante cor ès noss' vix patoès.

Rèfrain

Dins c' momint-là dji m' voès
Li pus heureux di m' patrie !
Au fond di m' cœûr qui frumgie,
Dj'ètinds comme one voèx qui crie :
O m' vix lingadge, gn'a rin d' si bia qu' toè !

Adon, r'montant pa l' citadelle
Et r'waitant di tos costés,
Dji voès Nameur todi pus belle,
A l'auge on voèt totes ses biatés!
C'est qui gn'a rin dins noss' patrie
D'ossi bia qu' noss' pitit pays.
A l' tchanter dj' vôreuve passer m' vie
Et l' fer tchanter pa mes amis!

Rèfrain

Todi quand dj'el rivoès
Dji sos tot fièr di m' patrie.
Au fond di m' cœur qui frumgie,
Dj'ètinds comme one voèx qui crie :
O m' vîx pays, gn'a rin d' si bia qu' toè!

Les Efants pièrdus!

Méenait sonneuve au lon. Dissus l' nive èdgealée
Li lune fieuve riglati ses royons ardgintés!
Deux pôves èfants pièrdus sur one vouïe diseulée
Èsvoyainnent aux èchos des appels non choûtés!

« Prians! dis-t-i l' pus djônne, s'asglignant sus l' pavée.
» P'tit Jésus, digeuve-t-i, nos estanss't ègarés,
» Ah! rindoz-nos ratt'mint noss' bonne mére tant ain-
[mée! »
Et ses pôves pitits ouïes di lâmes estainnent sumés!

Mais volà qu'au pus foirt qui l' chagrin les cobrouïe,
On èfant vint d'lez zels; sitôt qui l'ont p'lu vouïe,
I's r'connichent-nu li p'tit Jésus!

L' divin èfant leu dit : « C'est l' bon Diet qui m'avouïe,
Et dji sos dischindu po r'mette dissus leu vouïe,
Les p'tits èfants qui sont pièrdus! »

En choûtant l' mouchon

(Air : *Femmes, voulez-vous éprouver*)

Au boès, promoinrner tos les deux
Si vos v'loz, nos irans, Marie!
Li fleûr si mosterre dins l' verdeû,
Li solia lût dissus l' prairie,
On ètind tchanter les mouchons
Vailà tot au fond do boscadge,
Et nos irans d'lez les bouchons } bis.
A deux, po choûter leu ramadge. }

I's nos diront dins leû doux tchant
Qui l'amour est l' fleûr di noss' vie,
Et s' pout-i bin qu'en les choûtant,
Au cœûr nos ès vairait l'invie!
On m'a dit qui c'esteuve si doux,
Quand po l' prumî côp l' cœûr toctée!
Allans, profitans des bias djoûs, } bis.
Li djônnesse est si rate passée! }

Eh bin, n' faut nin rodgi po ça,
Ci n'est nin pètchi l'amourette,
Li mouchon qui tchîplée vailà
Amoureus'mint dizos l' glôriette,
A dins l' gosi des tchants divins
Qui veign'nu vos cobrouyî l'âme!
Vaici tot ès l' choûtant dji sins
L'amour qui soffelle sus noss' flamme ! } bis.

Ès fiant comme li, nos f'rans bin mia,
Lèyans causer nos cœûrs à l'auge.
L'amour, connichoz rin d' pus bia,
Rin qui vos rinde ossi bunauge?
Les p'tits frum'gîmints qu' nos r'sintans
En donnant noss' prumaire caresse!
Co ratte assez nos les pièrdans
I gn'a qu'on p'tit timps po l' djonnesse! } bis.

I faut profiter do bon timps.
A grands côps l'amour nôs rèclame,
Quand on est moirt c'est po longtimps,
Mais d'vant di tchanter l' dairenne gamme :
« Vinoz m' rabressi sus l' costé. »
Gn'a m' cœûr qui vos d'mande li bètchie!
Ah! c' côp-ci vos m'avoz choûté!
Nèdon, qui ça chonne bon, Marie? } bis.

L' Paradis des èfants!

Est-ce vrai, moman, ci qu' dit m' grand frère?
I dit qu'au ciel adlez l' bon Diet,
On n' connaît ni poinne ni misère,
Ni soèf ni fouaim, ni tchaud ni frèd!
I m' dit qu'on y voèt des archandges,
Qu' les p'tits èfants sont leûs amis,
Adon qu'on djoue avou les andges
Si ratte qu'on ess't au Paradis?

Qu' là gn'a des fleûrs todi novelles,
Todi flories et sintant bon,
Co pus qu' vaici, brâmint pu belles,
Qu' viquer vailà c'ess't oue tchanson !
Des frûts èsbaumés d'ambroèsie,
Des haûtès hièbes dins les pachis,
Et qui l' pus grand bonheûr del vie
C'est d' polu gangnî l' Paradis ?

I vos a dit l' vrai, respond l' mère,
I fait bin bia-z-et bon vailà,
Mais c' qu'a rovi d' vos dire voss' frére,
Èfant, rit'noz todi bin ça :
« Les fleurs, les andges et l'ambroèsie,
Les frûts, les hièbes dins les pachis,
V's avoz ça dins voss' pitite vie,
C'est d'lez voss' mère qu'est l' Paradis ! »

Li p'tit tch'min

P'tit tch'min catchî d'lez l'urée,
L'ôte djoû dji vos a r'vèyu
Après one fameuse appée,
Portant, dji vos a r'connu !
C'est par là qu' riv'nant d'ès scole
Dji passeuve estant gamin.
Dj'a fait pus d'one cabriole
Adlez vos, dj' m'ès sovins bin !

Sovenance des djonnès années
P'tit tch'min qui dj'a tant r'battu,
Totes mes illusions passées
Ès vos r'vèyant raccourent-nu !
Po sondgî, dizos l' fouilladge,
Dji v'neuve vos vouïe bin sovint !
Ès passant d'zos voss't ombradge,
Gn'a m' vix cœur qui s' rissovint !

Codûgeant n' djolie brunette,
Pus taurd v' m'avoz cò vèyu.
D'y sondgî m' cœûr si dispiette
Bin qu' l'amour seuïe ritchèyu!
Mi djonnesse est rèvolée,
Dji n' saureuve pus sûre li djeu,
Dj' n'a pus qu'one dairenne blamée,
One fumère, hélas, sins feu!

V'là cor au mutan del vouïe
Comme dins l' timps, li vîx pommi
Qui si sovint dji v'neuve vouïe
Es maraudant, vrai scoli!
Dji r'trouve co tot à l' mainme place,
Gn'a qu' mi vaici qu'est fayé!
Mes tch'fias blancs mosterrent-nu l' trace
Où les années ont passé!

Bellès années di djonnesse
Poquoè n' duroz nin todi?
V's estoz les années di fiesse
Di bonheûr et d' vrai plaigi!
Trop ratte vos couroz st' èvouïe,
A poinne vos a-t-on vèyu,
Qu'on brait dèdjà po vos r'vouïe,
S'baré d' vos awet pierdu!

Li djonne fèïe à l' marguèrite

Si v' saviz comme mi cœur toctée
Es v' disfouïant, fleur do pachi!
Adlez vos dj' sos tote rimouée,
Car vos t'noz là m' bonheûr catchi
Dins vos r'lugeantès blanquès fouïes
Qui m' monain fivreuse èvouïe au vint,
Li d'sir riglatit dins mes ouïes,
Chère pitite fleur, causez vitemint!

I m' voèt volti...
Rin qu' d'y sondgî
Gn'a m' cœur prind s' volée et s'agite!
On pau... brâmint...
Passionnémint!
Ah!.. causez co, chère marguèrite!
Ah!.. causez vite!

Ès m' cœûr fioz riv'nu l'espèrance,
Si douce à l'âme des malheureux
Ès vos, p'tite fleûr, dj'a confiance,
Car v's estoz l' fleûr des amoureux?
Tot ès tronnant dji vins mi-mainme
Po vouïe si m' galant m' voèt volti!
Dispétchiz-vos di m' dire si m'ainme,
Digeoz-m' li s'cret qu' vos t'noz catchi?
I m' voèt voltî...
Rin qu' d'y sondgi
Gn'a m' cœur prind s' volée et s'agite!
On pau... brâmint...
Passionnémint!
Ah! causez co, chère marguèrite,
Ah! causez vite!

Li djoû des âmes

Li djournée est grigneûse et frède,
On brouillard est dissus les tch'mins
Et sus l' vôye èdgealée et roède
On voèt n'n'aller brâmint des dgins.
I zès vont fiant tortos l' mainme vôye
Acostumance des ans passés,
Viès l' cimintière où c' qui vont r'vôye
Les tombes des pariuts trèpassés.

Les grands aubes ont pierdu leus fouïes,
L'hièbe est dianie dins les fossés
Et les lârmes spittent-nu foû des ouïes,
On voèt les moirts si disseûlés !
Sus les tombes les fleûrs sont sètchies,
Les couronnes ès vont pa boquets
Et d' les r'trover dèdjà flanies
Li cœûr est broyî pa les r'grets !

Mais bin vite les fleûrs appoirtées,
Ont tchessi l'air abandonné
Des tombes ragayies et fiestées
Qu' des monains pieuses ont rassauré !
L'aite parait prinde on air di fiesse,
Les pôves moirts ni sont pus tot seûs,
Les fleûrs vont rapaugî l' tristesse
Qui strind tos les cœûrs annoyeux.

Sur one pitite tombe tote florie
One djonne mère brait sus s' chérubin,
Pôve andge, qui n'a connu del vie
Qu' les doucès caresses d'on matin.
Pus lon dins les hièbes, ascropeuwe,
One ôrpheline est là, priant
A costé d'on croèx d' boès tchèyeuwe
Qu'elle saye di r'dressî tot brèyant !

Quand on passe avau les allées,
Sus les pires qui nos arrêtent-nu
Si dressant roèdes et rècrestées
Nos lîgeans pus d'on nom connu.
On r'trouve là bin des connichances,
On s'y rappelle co di s' djonne timps.
C'est bin l' djoû des viès sov'nances,
Esvonïes hèlas ! dispeû longtimps !

Li nait dischind, l'ombe est riv'neuwe,
L'aite si disimplit tot doucemint,
On ès r'va, sondgeant, l'âme émeuwe,
S' ritoûrnant cor au d'bout do tch'min ;
On r'waite d'au lon les ptites lumières
Qui moûrent-nu dins l'obscurité,
Mostrant l' place où doiment-nu nos péres,
Ès tapant leû dairenne claurté.

A Marie

Quand vos brèyoz !
Quand vos brèyoz, Marie,
Au fond do cœur dj' vos voès co pu volti
Et dj' frumgie tot quand dji voux vos r'waiti,
Car vos estoz co cint côps pus djolie
Quand vos brèyoz !
Quand vos brèyoz, Marie !

Quand vos rioz !
Quand vos rioz, Marie,
Sus voss' visadge qui r'glatit d' bunaugeté,
On doux sorire fait valu voss' biaté
Et vos estoz co cint côps pu djolie
Quand vos rioz !
Quand vos rioz, Marie !

Quand vos tchantoz !
Quand vos tchantoz, Marie !
Ès vos choûtant mi pôve cœûr bin heureux,
Tot ènondé fait des sondges amoureux,
Car vos estoz co cint côps pus djolie,
Quand vos tchantoz,
Quand vos tchantoz, Marie !

Quand vos doirmoz !
Quand vos doirmòz, Marie,
On pins'reûve vouïe on bel andge èdoirmu
Et gotte à gotte on sint l'amour vinu,
Car vos estoz co cint côps pus djolie,
Quand vos doirmoz !
Quand vos doirmoz, Marie !

Li d'vantrin da Tonette

Mi p'tite moman tot au matin,
Volant m' fer prôprette et djolie,
M'avait moussî d'on blanc d'vantrin,
Ès m' fiant promette d'esse bin dgintie.
Lèïe-mainme elle l'avait-st' aloyi
Mi d'geant : « Faut-z'y waitî, Tonette
Et n'el lèyoz nin cafougnî,
Di peû d' co v's alier fer mannette !

Rèfrain

Sus l' reuwe dji fieuve di m' rinquinquin,
Mi rècrèstant comme les mam'zelles,
Po rinde djalouses les autes bauchelles
Et fer valu m' bia noû d'vantrin !

Mais v'là qu' Batisse, on grand garçon,
Qui dj' voès sovint tot v'nant d'ès scole,
S'avance et m'arainne sins façon
Tot m' contant pus d'one babiole !
Dj' li responds : « Vos pièrdoz voss' timps,
Moman vout qui dji d'meûre paugère,
Et m' fer ravauder, dj' n'y tins nin,
Po ça dji n' voux nin li displaire. »

Rèfrain

Djouer c'est gaie, mais dji n' poux nin,
Audjourdu faut qui dj' seuïe sérieûse,
Gu'a m' moman qui sèreuve grigneûse,
Si dj' cafougneuve mi noû d'vantrin!

Mais ni s' tinant nin po battu
Li, qu'est d'one lostrie sins parèïe,
L' Tournisien m'a tant rabattu
Des bellès paroles à l'orèïe,
Qui dj'a choûtè c' qui racontait
Et sins m' mèfyî, dji djoueuve,
Quand dj' yoès mi d'vantrin qui s' disfiait
Et d'aplomb dins les broûs tchèyeuve!

Rèfrain

Dj'a machurè tot m' blanc mouss'mint,
Ah, mon Diet! qui va dire mi mère!
Elle va sûrmint s' mette ès colère,
Quand elle va vôye mi noû d'vantrin!

Quand on djoue avou les garçons,
On n'ès rascoud qu' totès parèïes;
I's sont si diâles et si lurons
Po tourner l' tiesse aux djonnès fèïes.
Por zels on s' fait todi grognî,
Volà c' qui c' djeu-là nos amoinne,
On a si d'vantrin cafougnî,
On d'meure tote seûle po cover s' poinne!

Rèfrain

Rire c'est rire, mais ci qui dj' sais bin,
Djonnès fèïes et dji doès vos l' dire :
« Avou les garçons n' faut nin rire
Si vos avoz-st' on blanc d'vantrin! »

Cœûr d'èfant

(Tauvia d' reuwe)

L'ôte djoû, les mouains plainnes di paustés,
D'on bia botique sôrteuve Marie.
Deux pôves èfants disfligottés
L' waitainnent passer d'on air d'invie.

Tot fiant des grands ouïes èwarés,
L' pus djonne qui sint s' cœur qui djairie
Après les bias tortias dorés,
S' boute à braire ès vèyant l' djolie.

Li ptite si r'toûne et d'on randon
Tote résoleuwe à z'ès fer don,
Wide tot dins l' choû d' l'èfant qui crie.

S' moman ni vèyant nu bonbon
Li d'mande : « Ça v's a-t-i chouné bon? »
— Ohi, moman ! respond Marie.

Les Quate Saisons

Li faubitte pa d'zos les fouïés
Apprustée si nid!
Li solia s' mosse à nos ouïes,
L' prumère fleûr ossi !
L'hièbe ravique didins l' prairie,
Annonçant l' bon timps
Et l'âme si sint radjonnie,
Aux feux do Prètimps !

Li plaine alôrs est djanie
Par on tchaud solia,
Dins l' campagne tote ragayie
Tot paraît novia !

L'amour au cœûr des bauchelles
Commince à tchanter !
Et les fleûrs crèchent-nu por zelles,
Aux bias djoûs d'Esté

Maîs quand les djôyes sont passées,
Les frèds raccourent-nu !
Les paûves fleûrs èvont, fayèes,
Les mwais djoûs r'veignent-nu !
On ètind li p'tite faubite
Qui brait dins s' tchanson !
Et l' dairenne aronde nos quitte
A l'arrière saison !

C'ess't alôrs qui l' prumère nîve
Vint blanqui les boès !
Les pôves mouchons trônnant d' five
Ont pierdu leû voèx !
Et l'homme qui sint v'nu l' vyesse
A l'âme tote au d'vièr !
I r'sondge au timps di s' djonnesse,
Quand arrive l'hivièr !

D'sos les tyoux

Dins l'allée qui longe li pachi
Nos irans sondgî d'sos les fouïes ;
Nos lirans l'amour dins nos ouïes,
Nos sèrans deux po li spèli !
Car nos n'estans co qu'à l' creûgette
Et studî l'amour c'est si doux !
Nos irans d'viser d'amourette,
D'sos les tyoux !

Ni sintoz nin voss' cœûr tocter?
C'est dèdjà l' crolé qui l' troubelle,
Ses lostries vos rindront pus belle
Po co mia m' plaire et m'andoûler !
Quand l'amour cause aux djonnès fèyes,
Di l' tinde tot l' monde est djaloux
Et dj' vos ès cont'rais des parèyes,
D'sos les tyoux !

Po l' choûter voci l' vrai momint :
Li naît va nos couvièt di s't ombe,
Et l'allèe est là grande et sombe,
Vinoz djolie, bin dgintimint !
Nos avans l' bonheûr del djonnesse,
Faut z'ès profiter tant qu'on pout !
Vinoz, tant qu' l'amour nos ayesse,
D'sos les tyoux !

Prière à Saint Nicolès

Saint Nicolès, didins voss' tine,
Vos avoz là des p'tits èfants
Qu'ont stî grigneux, vîreux, mèchants
Et qui faieut-nu là n' pèneuwe mine !
Vos, qui dischind do Paradis,
Vos d'voz rapaugî voss' colére,
Lèyoz-les raller d'lez leû mére,
Astheure i's sèront sages ossi.

Ci naît-ci dj'esteuve èdwoirmeuwe,
Bin ascouviette ès mi p'tit lé,
Ès songe dji vèyeuve, désolé,
On pôve èfant braire dissus l' reuwe.
Ad'lez l' fèniesse d'on magasin,
Li nez tot conte li boucanière,
I d'geuve ès s' ritoûrnant sus s' mére :
« Poquoè n' m'appoite-t-i jamais rin ? »

Ç'est po ça qu'audjourdu dji v' prie,
Di rinde les pôves èfants heûreux.
N' faut nin qui gn'euche des annoyeux
Po gâter n' fiesse ossi djolie!
Waitoz qu' les ritches donnent-nuch' brâmint,
Arrêtez-v' aux pôves tchiminées,
Où, po voss' bourrique, apprustées,
Gn'a des bottes di four et di strin!

Vos appoitroz dins leûs misères
N' miette di bonheûr aux pôves dgins,
Ès fiant caresse à d's innocints
Vos les f'roz sorire à leûs méres!
A leûs ouyes c'est tot on trésôr,
C'est l' douce odeur del prumère rôse;
Por vos, grand saint, c'est wère di chôse,
Zels y vouïent-nu des moncias d'ôr!

Mi, qu'a des djouets pa banslée,
Appoirtoz-m' one miette moinsse qu'avaut,
Purdoz di m' paurt po l' pôve èfant
Qui brait dizos l' bîge èdgealée.
Pôvé pitit qu' n'a jamais nu bin,
Et qu'a todi s' cœûr qui djairie,
Po qu'il euche on bia djoû dins s' vie,
Donnez-li tot... Mî, dji n' voux rin!

Li prumère Nîve

Gn'a saquans djoûs t'-au matin
Dj'enn' alleûve au prumî train
    Riv'nant d' Live.
L' vint fieuve hossi les carreaux
Et dji vèyeûve pa les traus
    Spitter l' Nive.

Elle tcheyeûve à gros flocons
Couviant l' terre et les wazons
Ès l' campagne.
Et les aubes tot disgarnis
Stindainnent leus grands brès blanquis
Sus l' môntagne.

Mi, dji m' sov'neûve ès waitant
Qui gn'a qu' quéques djoûs tot passant
Dji vèyeuve
Des fleûrs tot avau l' pachi.
Et l' solia tot ragayi
Qui lûgeuve.

Les mouchons tchiplainnent au boès,
Heûreûx, dji choûtais leu voèx
Pa l' fèniesse.
T'chantant l' liberté, l'amour !
I's s' bètch'tainnent co, tour à tour,
Tot à l' fiesse !

Mais leû bonheûr est passé,
L' prumère bige a ramassé
Totes les djôyes.
L' nature ètire ess't ès doû,
On n' voèt pus qu'on blanc linçoû
Sus les vôyes !

Et dj' sondgeûve annoyeus'mint,
Qui l' bonheûr n'est qu' d'on momint
Didins l' vie !
On passe ! On vos a vèyu !
A poinne vos a-t-on connu,
Qu'on v' rovie !

Li vîx clotchî d' St-Djean

Musique de Fernand Lhôneux.

Les viès pires ont leû place ès l'histoère,
Didins chaque ville i gn'a des monumints,
Qui sont d'mèrés po nos rappèler l' gloère
Di nos aïeux, di nos bons vîx parints.
Noss' vìx Nameur à ses èfants mosterre
Comme one sov'nance one èglige, on clotchi,
Quand on l' rivoèt on a l' cœûr qui s' risserre,
Choûtant les cloques on d'meûre tot à sondgî :

Gn'a l' tiesse qui bat l' berloque,
On a l' cœûr tot tronnant,
Quand on ètind l' grosse cloque } bis.
Do vîx clotchî d' St-Djean !

Ès voèyadgeant on voèt bin des affaires,
Car des biatès gn'enne a po zassoti
Vaici, vailà, c'est novellès histoères,
On est vraimint ribattu d' les r'waiti !
Mais l'émotion qui chonne todi novelle,
C'est l' cenne qu'on r'sint tot d' suite ès arrivant
Et quand l' vie cloque di St-Djean nos appelle,
Li cœûr si r'moue et toctèe ès l' choûtant :

Gn'a l' tiesse, etc.

Chaque côp dispiette on écho dins noss't âme,
Viès sov'nances qui volent-nu s' rèwèyî,
Et si doux son nos boute au cœûr one flamme,
Fleûr di djonnesse qui vint nos ragayi !
Bin èri d' li l'a fallu qu'on èvôye,
Mais di s' djonne timps, on s' sovint co po ça,
On est todi bunauge quand on vint r'vôye
Li vîx clotchî qui rappelle ci timps-la :

Gn'a l' tiesse, etc.

Li djoû des Roès

L' djoû des Roès,
L' pas d'on polet.

Dji m' sovins co qu' dins mes djonnès années,
On s' rassimbleuve avou tos ses amis,
Et tot l'hivièr pa les longuès chîgelées,
Tortos èchonne ou esteuve rèunis.
Li djoû des roès c'esteuve todi grande fiesse,
On s' ritroveuve adlez tos ses parints.
V's èstoz bin lon, douce sov'nance di djonnesse,
Sondge èvolé dissus les èles do timps!

Dji nos voès co, tortos à l' mainme tauv'lée,
Li vîx grand'père qu'esteuve li boute en train,
Nos raconteuve one vie fauve, one pasquée,
Et tos bunauges, nos l' choutainnes paugér'mint!
L'homme aux poussères avait rovì nos ouïes;
Adlez l' coqmar qui tchanteuve dissus l' feu,
Noss' vie grand'mère, lèïe, toûrneuve li trimouïe
Po ramponner n' jatte di foirt bon cafeu!

Adon ma tante alleuve qwère ès l' cougenne,
L' gâteau des roès, donnè pa l' bolèdgi,
Si douce sinteu fiait r'croler noss' narenne,
Nos rattindainnes qu'on nos sièye, sins boudgi.
Mi grand'papa tot douc'mint discôpeuve,
Et nos avainnes tortos noss' bon boquet.
Ossi ratte qu'onque des mougneux s'ècruqueuve,
Tot l' monde crieûve : Il a l' féve! il est Roè!

Adon li Roè diveuve vite tchoèsi n' rainne.
I's estainnent maisses et nos d'vainnes les choûter;
Po comminci c'esteuve li souveraine
Qui dgintimint si bouteuve à tchanter.

Après l' tchanson tot l' monde applaudicheuve,
Criant bin haut : Vive li Raine, vive li Roè !
Et quand li roè purdait s' verre et bèveuve,
Tortos èchonne on crieuve : Li roè boèt !

Po fini l' chige on ès n'alleuve à scluse (1)
Tot avau l' ville, on esteuve sins façons !
Les autes digeainnent : C'est Gravère (2) qui s'amuse !
Ès ètindant nos rires et nos tchansons !
A poinne astheure s'on s' sovint co d' leu fiesse,
Pôves roès, pôves chîges et vos, póves vîx parints,
Vos n'estoz pus qu'one sov'nance di djonuesse,
Sondge èvolé dissus les éles do timps !

Choûtoz voss' cœûr!

Air : *Il fait bien noir, Mademoiselle.*

Ès vos vèyant
Todi passant
Frisse et ross'lante, ès l' reuwe,
Dj' vos dis vraimint
Mi sintumint,
Dj'enn' a l'âme tote pierdeuwe !
Voss't air mignon,
Voss't ouïe luron,
Voss' biaté, voss' djonnesse !
Rin qu' d'y sondgî
Dji m' sins frum'gi,
L'amour mi toûne li tiesse !

---

(1) S'cluse — traîneau.
(2) Gravère — Gravière, quartier de Namur.

Rèfrain

Si v' vôriz nos deux, tour à tour,
Mi tourturelle,
Nos tchant'rainnes one tchanson d'amour,
Todi novelle!

N'ètindoz nin voss' cœûr tocter?
C'est l'amour qui vint l' dispierter!
Po noss' bonheûr,
Choûtoz d' voss' cœûr,
Li ritournelle!

Si vos vôriz,
Tot trèlaçis
N's irainnes avau les vôyes!
C' sèreuve si doux
Qu' bin des djaloux
S'annoyerainnent di nos djôyes!
Bias amoureux,
Li cœûr heureux,
Nos irainnes à l' viesprée,
Tot bachant l' voèx,
Viès les grands boès
A l'heûre où c' qu'on s'ainmèe!

Rèfrain

Et là, tos les deux, tour à tour,
Mi tourturelle,
Nos, etc.

C'est l' vrai momint,
Ni vèyoz nin
L'amour lûre dins nos ouyes?
On doux zèphir
Comme on souspir
Vint moru d'lez les fouyes!
Les p'tits mouchons
Dins les bouchons

Ont pierdu leû ramadge!
Tot est noireû
N'euchoz nin peû,
Fait si bon d'sos l'ombradge.

Rèfrain

Po z'aller tchanter tour à tour,
Mi tourturelle,
One tchanson d' bonheûr et d'amour,
Todi novelle! etc.

On voèt des nids
Tortos rimplis,
Catchis didins l' fouyadge!
L'amour est là
Qui rit vailà
Tot ès waitant s't ovradge!
One cope di pus,
N' serans pièrdus,
Didins l' coin li pus sombe,
Tot nos catchant
Là, nos viqu'rans,
Ès nos aimant dins l'ombe.

Rèfrain

Et nos y tchant'rans tour à tour,
Mi tourturelle,
Gaîmint noss' belle tchanson d'amour
Todi novelle!
Nos y choûtrans nos cœûrs tocter,
L'amour vairait les dispierter
Et quand l' bonheûr
Ritchauffe li cœûr,
Li vie est belle!

Joseph et Fifine

Riv'nances di viès dgins

(Air : *Nous sommes si bien chez nous*)

JOSEPH

Vos rappèloz co bin, fèfèye?
Quand ètur nos, nos ès d'visans,
Do timps où vos estiz djonne fèye,
Di ça gn'a dèdjà bin des ans.
A deux, tot bunauges di nos vôye,
Nos ès n'n'allainnes pa t'avau l' vôye,
Des amours, c'esteuve li saison !

FIFINE

Ah ! comme ça chonneuve bon !

FIFINE

Vos m' causiz dèdjà di mariadge
Qu' nos estainnes èfants tos les deux !
Et nos arrindgeainnes noss' moinnadge
Comme faient-nu tos les amoureux !
Au p'tit bonheur on s'ayèsseuve,
Sins s' dimander comme on viqu'reuve,
L'amour nos sièrveuve di raison !

JOSEPH

C'est l' vrai ! c'esteuve si bon !

JOSEPH

Les ans s'abachent-nu sus noss' tiesse,
Mais, nos nos vèyans co voltî,
D'lez nos l'amour est cor à piesse,
On a co bon di s' riwaitî !
Car noss' tindresse n'est nin passée,
Vos estoz todi m' binainmée,
Des amours, va riv'nu l' saison !

FIFINE

Ça chonnerait co bin bon !

Quand vos causoz dji r'sins dins l'âme,
On frum'gímint qui m' ragèyi
Et m' pôve vîx cœur a cor one flamme,
On direûve qui vout s' rèwèyi !
Car si noss' djonnesse ess't èvôye,
L'amour a seu flori noss' vôye
Et di s'àinmer c'est co l' saison !

ECHONNE

Ça chonne todi bin bon !

Li Wallonie

(Air : *Violetta* ou *dans ma patrie*)

Vinoz èfants di noss' patrie,
Vinoz choûter nos tchants wallons,
Adlez nos autes i faut qu'on rie
Qu'on s'amuse avou nos tchansons.
Nos fians d' noss' mia po vos complaire,
Nos fians tot po vos amuser,
Heureux, quand nos savans vos plaire,
Vaici tortos nos p'lans tchanter :

Rèfrain :

Gn'a rin d' si bia qui noss' pays,
C'est vraimint l' fleûr di noss' patrie,
Gn'a rin d' té, mes amis,
Qui l' Wallonie! } bis.

Nos purdans do bon costé l' vie
Et nos estans todi djoèyeux,
Les mwais djoûs faut qu'on les rovie
I gn'a qu'ainsi qu'on ess't heureux !
N's avans tortos bon caractère
Et nos avans li cœûr sus l' moain,
Tot vrai Wallon d'vint noss' frére,
Car noss' pays, nos l'ainmans bin !

Rèfrain.

Nos estans tos bons camarades,
Tortos compéres et compagnons,
Et nos tchantans nos couyonnades,
Po l' seûl plaigi d' fer des tchansons !
On s' dimande où qu' nos allans qwère,
Tot c' qui nos ramadgeans vaici,
Il ès d'meûre co plein noss't armoère,
Noss' wallon n'est nin ĉo rosti !

Rèfrain.

Astheûre on sait pa t'avau l' monde
Qui s'est rèwèyi noss' wallon,
Ossi n' fait nin bon qu'on zy djonde,
Nos disfindans noss' vix djârgon.
Car c'est li lindgadge di nos péres
Et po l' disfinde avau l' pays,
Lidgeux et Montoès sont nos fréres
Et tos les Wallons sonss't unis !

Rèfrain.

A m' cousenne!

Astheûre qui v's alloz vos marier,
Voss' pitit cœûr bat frum'giant d'auge !
Dji soss't heureux d' vòs vôïe bunauge,
Astheûre qui v's alloz vos marier.

Vos auroz l' bonheûr ès moinnadge,
Vos avoz tot po l' mèriter,
Et si l' bon Diet vout bin m' choûter,
Vos auroz l' bonheûr ès moinnadge !

On voèrait des bias p'tits èfants,
Qui vairont sorire à leu mére
Et po fer l' bonheûr di leu pére,
On voèrait des bias p'tits èfants !

One pitite feume c'est fait po ça !
L'èfant c'est l' solia do mariadge.
Et mette li bonheûr ès s' moinnadge,
One pitite feume c'est fait po ça !

Vos v'là dins les loyins d' l'amour,
Filés tressîs pa l'amour mainme.
Heureûx l' cia qui pout dire qu'on l'ainme !
Vos v'là dins lès loyins d' l'amour !

Dizos l' Glôriette!

Vos v' sov'noz qui dîns noss' djonne timps
N' sondgeant nin cor à l'amourette,
N's avans passé des bons momints
A deux, pouïette ?
Nos djouainnes à nos caressî,
Galants, maïons ! Quéne amusette !
Et dj' vos a sovint rabressî,
Dizos l' glôriette !

Et pus taurd quand on a crèchu,
Maugré qui vos div'niz coquette,
Noss't amour n'a nin discrèchu,
Nèdon, pouïette ?

Quand l' nait nos amoinrnait l' noireû
Au djardin courant ès catchette,
Nos allainnes po d'viser nos deux,
Dizos l' glôriette !

Si dj' vos rappelle vaici tot ça,
Si dj' rivins vos conter fleurette,
C'est qui dj' voux co r'vôye ci timps-là,
Mi p'tite pouïette,
Et nos irans co, bin heureux,
A l' nait, tot d'visant d'amourette,
Choûter batte noss' cœûr amoureux
Dizos l' glôriette !

Li bon vîx curé .....

Gn'a tot l' monde qui l' connaît... Quand i passe dissus l' vôye,
On s' discoûve divant li, comme on fait d'vant on saint.
Tot wousqu'il a passé, gna qu' des fleûrs sus li tchmin !
Et del vôye bin poirtant, tot l' monde a l' cœûr ès djôye !

Il a todi viqué comme i vique audjourdu,
Po les pôves, il a sti ci qu'on appelle on pére,
Gn'a qui l' bon Diet qui sait c' qu'il a fait po l' misére,
Li mau qui s'a donné, li poinne qu'il a rindu !

On pout dire qu'ès deux paurts il a paurtadgî s' vie,
One a sti po l'èglîge et l'aute po l' pauvrité !
Deux mots dîgent-nu s't histoère : Dèvouemint ! Charité !
Et di totes les vertus si vie a sti rimplie !

Ossi, rin di s'bârant s'on l'ainmée bin tortos,
Ses paroèssiens sont fiérs di co l' vôye à leu tiesse,
Tot l' monde li respectée et tot l' monde li fáit fiesse,
On vôreuve po todi polu l' waurder d'lez nos !

Hèlas ! dins l' vie do monde, tot n'a qu'on timps, tot passe,
Quand l' moirt est là qui r'clame, i faut bin disclitchî !..
Li, s'èdoimerait paugère à l'ombe di s' vix clotchî...
Mais s' sovenance dimeurerait... po qu' nos sûvanges si trace !

Li tchanson wallonne

(Air : *Ne parle pas, Rose, je t'en supplie*)

Faut des tchansons po rabelli noss' vie
Po rapaugî nos poinnes et nos tourmints.
Tchants do pays qui jamais on n' rovie
Tchessoz bin lon les soucis, les chagrins.
Aux pôvès dgins, li tchanson rind coradge,
Elle rimet l' djôye au cœûr des malheureux,
Elle est por zels, do bonheûr on messadge,
Elle rind l'espoèr à nos cœûrs annoyeux !

C'ess't ès tchantant qui l'ovri fait s't ovradge,
On gai rèfrain fait rovi l' pauvrité.
Quand l'ovri tchante i r'prind co bon coradge,
Nos tchants wallons mettent-nu l'âme ès gaité !
A quoè bon braire et dgèmi tote si vie ?
Si disbautchi n'avance tot d' mainme à rin !
Li vie est coûte, n' vaut-i nin mia qu'on rie ?
Saurainnes bin dire où c' qui nos sèrans d'moin ?

Nos v'nans tchanter les prumèrès caresses
Di nos parints, viès sovenances d'èfants !
Di nos amours, les prumèrès ivresses,
Tot c' qui rappelle li pus bia di nos ans.
Tot ès l' chcûtant li tchanson nos ramoinne
Aux djoûs heureux qu'on r'voèt todi contint,
Comme on solia qui vint lûre sus noss' poinne
Et c'est po ça qui nos tchantans sovint !

Dispeu quéque timps ès l' ville comme au villadge
Li môde rivint à nos viès tchansons,
Où don pôriz trover pus doux ramadge,
Pus d' sintimint, qui dins nos tchants wallons?
Dins nos coplets, nos ès d'geans pus qu'on n' pinse
Po rabelli li peûpe ès l'amusant,
C'est dins s' bonheûr qu'est tote noss' ricompinse,
Et c'est por li qui vaici nos tchantans!

Alloz ratt'mint, mi p'tite tchanson wallonne,
Douvioz vos ailes, couroz, voloz bin lon!
Et qui longtimps, voss' gai rèfrain rèsonne
Courant del plainne au tienne et sus l' vallon!
Vos estoz bin l'esprit del Wallonnie,
Tos les wallons sonss't èfants do plaigi,
On aimme todi les vix airs di s' patrie
Et ses tchansons nos les r'digeans volti!

C' qu'on ètind dins les boès!

(Tyrolienne Wallonne)

(Air : *Ta chanson*)

Si vos vôriz nos deux, djolie,
Nos ès n'n'irainnes avau l' prairie
Po z'aller choûter les mouchons
Tchanter au boès dins les bouchons.
I's nos caus'rainnent dins leû ramadge
Et nos les choût'rainnes amoureux,
On comprind si bin leu lingadge
Quand on s'aimme et quand on est deux!
D' les ètinde, djolie,
D'lez vos dji m' rafie,
Etindoz leû voèx
Au fond do grand boès :

Tra la la ï di a la ï di a
La la la ï di a la la la ï di a la
Tra la la ï di a la ï di a la la la ï di a
La la la la la la ï ti di tia la ï la ï la ï a la.
Ah!

Quand nos sèrans là d'zos les fouyes
L'amour si lirait dins nos ouyes,
Et quand au cœûr i vint tchanter,
Poquoè n' faureuve-t-i nin l' choûter?
C'est fiesse et prètimps po tot l' monde,
Bintôt vairait l'arrière-saison!
Et l'amour i faut qu'on zy djonde,
Divant d'awet l'âge di raison!
C'est po ça, djolie,
Qu' d'lez vos dji m' rafie,
N'ètindoz nin s' voèx
Au fond do grand boès :
Tra la la, etc.

Dii vos voès si volti, Marie,
D'amour gu'a m' pauve cœûr qui djairie
Quand djè l' sius frumgi d' bunaugeté.
C' qui l' fait frumgi, c'est voss' biaté!
Tot heureux quand dji poux vos vôye
Dj' poite do bonheûr po longtimps,
Vos mettoz saquants fleûrs sus m' vôye,
Vos èstoz l'solia di m' prètimps.
D' vôye l'amour, djolie,
D'lez vos dji m' rafie,
N'ètindoz nin s' voèx
Au fond do grand boès :
Tra la la, etc.

L'amour vint au cœûr des bauchelles,
I waurde ses pus bias tchants por zellès,
I vint avou l' solia d'avri
Quand les mouchons faient-nu leû nid!

Marie, si vos m' vôriz comprinde,
Noss' bonheur f'reuve bin des djaloux,
Causez, dji m' rafie d' vos ètinde,
On mot d'amour, ça chonne si doux
Vos causez, djolie,
O bonheûr di m' vie!
L'ècho do grand boès,
Au lon, r'dit voss' voèx :
(Doux et baissant la voix)

Tra la la, etc.

Dodo Ninette

(Berceuse Wallonne)

Musique de Fernand Lbôneux.

Sus vos, m' trésôr, voss' bonne mére wèye
Tot à costé d' voss' bérce d'ôsî,
Bin heureuse di vôye si p'tite fèye
Ross'laute comme li fleûr do rôsi!
Ès doirmant vos li fioz risette
Et lèye, peû di vos dispierter,
Tot doucemint commince à tchanter :
Dodo Ninette! (bis)

Doirmoz paugère, mi binainmée,
Voss' mére est là, todi d'lez vos,
Lèye qui vos gâte et vos ainmée
Co pus qui s' vie et pa d'zeu tot!
Ripoisoz bin, mi p'tite pouyette,
Et fioz des bias sondges innocints,
Doirmoz, djolie fleûr di prétimps,
Dodo Ninette! (bis)

On cœûr di mère jamais ça n' candge,
C'ess't on rècours sûr po l'èfant.
Mais v'là qui vos rioz, chère andge,
Sins fer chonnance tot ès m' choûtant !
Vos bias p'tits ouyes faient-nu n' clignette,
I faut bin vite vos rèdoirmu,
Por vos là-haut les andges tchantent-nu :
Dodo Ninette ! (bis)

Sus l' vôye di Nameur à Dinant

(2e mention. — Caveau Liégeois 1893)

Po z'arrindgi n' p'tite'affaire
L'aute djoû dj'alleuve èmon l' notaire
Et dji rotteuve tot ès sondgeant...
Sus l' vôye di Nameur à Dinant !

Faut vos dire qui dj' sos d' Poirfond'vie,
One localité foirt djolie
Et qu'on resconterre ès passant
Sus l' vôye di Nameur à Dinant.

Comme dji rotteuve avou coradge,
Dj' voès cor assez lon do villadge,
One djonne commère qu'esteuve pa d'vant,
Sus l' vôye di Nameur à Dinant.

Dji m' dis pusqui nos fians l' maime vôye,
Di fer route avou n's irans vôye,
Et dji soffleuve ès m' dispètchant,
Sus l' vôye di Nameur à Dinant.

Dj'arrive adlez li djonne bauchelle
Ah! sapristi, qu'elle esteuve belle!
Dji d'mèreuve là tot balzinant,
Sus l' voye di Nameur à Dinant.

— Est-ce qui vos v'noz di Poirdfond'vic?
Li dis-dje. — Non ça, respond l' djolie,
Dj'èva tot bonnemint m' promoinrnant,
Sus l' vôye di Nameur à Dinant.

— Tins, dis-dje, quène heûreûse astchèyance,
Nos aurans l' timps d' fer connichance,
Et nos causainnes tot ès rottant,
Sus l' vôye di Nameur à Dinant.

Nos causainnes do timps, del campagne,
Dji fieuve des tchestias en Espagne!
Li bauchelle rieuve ès m' choûtant...
Sus l' vôye di Nameur à Dinant.

L'amour a tchanté s' ritoûrnelle,
Dj'a tchèyu dins l'ouye à l' bauchelle,
Et nos nos l' digeainnes à l'av'nant,
Sus l' vôye di Nameur à Dinant.

Adon, po z'arrindgî l'affaire,
A deux, n's avans sti mon l' notaire,
N's avainnes conv'nu ça tot ès v'nant
Sus l' vôye di Nameur à Dinant.

Mi, qu'esteuve li coq do villadge,
Vos-m'là sus li tch'min do mariadge!
V'là comme on vos arrindge portant,
Sus l' vôye di Nameur à Dinant.

Si gn'a vaici dins l' compagnie,
Saquans bauchelles qu'enn' ont l'invie,
Elles trouv'rainnent quèqu'fie on galant
Sus l' vôye di Nameur à Dinant.

Ridants rovîs

Haïr par astchèyance, dj'a wuidi des ridants,
Qui dj' n'avais pus douviet dispeu co pus d' trinte ans.
Dj'a r'trové saquans lettes machurées et djanies,
Des rubans et des tchfias d'lez saquans fleûrs flanies.
Pôves disbris di m' djonnesse et d'amours èvolés,
Vaici tortos èchonne, dji vos r'trouve amoncelés!
Ès vos vèyant portant... comme dins l' timps m' cœur batteuve,
Pitits billets d'amour... et combin dj' vos ainmeuve!

Mais l' timps tot sûvant s' vôye a passé sus tot ça,
Trinte ans sins y sondgî, dji les a lèyîs là!
Ah! qu' nos èstans rovisse et combin vite on s' lasse,
Amours, plaigis, chagrins, sur on rin d' timps... tot passe!
Li p'tit ruban lilas qu'est là tot distindu,
C'est Nanette qui m' l'a d'nè... S' elle vique cor audjourdu,
Li Nanette di d'dins l' timps, astheure est bin candgie
Et s' tiesse doèt comme li menne esse tronnante et blanquie!

Elle estait si djolie et nos nos ainmainnes tant!
Ça d'vait todi durer, nos l' djurainnes... et portant
C'est l' hasard audjourdu qui fait qui dj' m'ès rappelle!
Volà co d'lez l' ruban, saquans p'tites fouyes di relle
Qu'elle mi d'neuve ès m' digeant qu'elle n'ainm'reuve jamais qu'mi!
Et d' tant d'amour i d'meure... on p'tit ruban flani!
Ès l' ritrovant portant dj'a co l'âme ragayie,
Car i vint m' rappèler les pus bias djoûs di m' vie.

Ah! li bon timps d' jonnesse, l's èvolées dins les boès!
Ès r'mouant c' qui m'ès d'meûre... djoûs heureux, dji vos r'voès;
I m' chonne vôye sus mi spale amoureûs'mint clincie,
One belle tiesse di vingt ans qu' d'amour si ragrancie.
Comme on feu dins mes woinnes i coure on song novia,
On song d' jonne amoureux, qui m' fait vôye tot ès bia.
Ah! n' vos èvolez nin, belle sov'nance di djonnesse,
Doux solia di m' prètimps, v'noz po r'chandi m' vyesse!

Les papis consommés si spyent-nu dins les moains,
Tos les bias djoûs sont yuttes et dji soss't aux lend'moins!
Adiet! mes chèrs disbris, li sondge a duré wère,
Comme vos autes, mi pôve cœur ess't èvôye ès poussère!
Po m' sov'nu des âmours, trop longtimps dj'a taurdgi,
Quand i nive sus noss' tiesse i n' faut pus y sondgî,
I faut bin s' fer n' raison quand l' djonnesse ess't èvôye
Et c'est co do bonheur qu'ès sondge on pout l' rivôye!

Li Messe di Mée-Nait

(MONOLOGUE)

2ᵉ prix (médaille de bronze) Caveau Liégeois 1893

Quand tos les aus rivint l' Noé,
Dji r'voès co mes djonnès annèes
Et l'heureux timps, si ratte passé,
Des chiges et des longuès soèrées!
Adlez grand'mère, qui racontait
One histoère, one lèdginde, one fauve,
Li famille ètire si r'trovait
Rassimblée autou del mainme tauve!

Dj'ètinds co grand'moman conter;
D'one voèx tronnante elle comminceuve :
« — Il esteuve on côp..... » Po l' choûter,
Douviant des grands ouyes on s' taigeuve!
Et comme li conte nos chonneuve bia,
Dispeu longtimps nos l' connichainnes;
Mais nos l' trovainnès todi novia,
Jamais nos n' nos ès naugichainnes! (1)

---

(1) On — nos. — La consonne se prononce lorsqu'elle est suivie d'une voyelle.

On ètindeuve li stûve hûler,
Matante presticheuve li galette.
T'à n'awette nos waitainnes d'aller
Sus l' costé, po l' vôye ès catchette.
I faut dire qui ça sinteuve bon,
Li pause bin blanque et bin sucrée!
On ès r'nifleuve l'odeûr au lon,
On s' ralètcheuve, rin qu'à l'idée!

Ossi ratte qu'on oyenve sonner
Li prumî côp d' messe, au villadge,
On s'apprustait, fallait n'n'aller
Les djonnes et les vîx, tot l' moinnadge!
Les gamins riainnent ès courant,
Maugré les grands qui rawaudainnent,
On fieuve tote li vôye ès djouant
Autoû des parints qui criainnent!

On vèyait r'lûre avau les tchamps,
Les lantiennes didins les pìsintes,
Ès rottant nos oyainnes les tchants
Des chîgeûs qu'ès n'n'allainnènt à bindes!
Et sus l' nive on s' cobèrôlait,
Fiant St-Françoès! Quand on s' lèveuve
On ramasseuve chaque on bolet,
Comme à l' pîante on ès tapeuve!

Li stoèle do bierdgi dont l' claurté
Del nait vineuve trawer les voèles,
R'lûgeuve au firmamint, sumé
Di bellès r'lûgeantès stoèles!
Comme dige-hiût sièques auparavant,
Tote ossi belle on l' rivèyeuve
Et grand'mére tot ès nos l' mostrant,
Di l'èfant Jèsus nos causeuve.

A messe on esteuve là tortos,
Po priyî, s' tinant bin paugères.
Sins moufter nos d'mèrainnes à d'gnos
Raccrapotés sus nos tchèyères!
On riwaiteuve li Crèche d'au lon,
Li p'tit Jésus, l' vatche et l' bourrique!
Et nos tchantainnes après l' siermon,
Tortos èchonne, on vìx cantique!

Adon nos èsrallainnes joèyeux;
Sitôt rintrés, nos nos coutchainnes.
Ès doirmant comme des bienheureux,
Qué bellès affaires nos sondgeainnes!
Nos vèyainnes dins nos sondges d'èfant
Tos les pus bias djouets do monde!
Et li p'tit Jésus soriant,
Nos les appoirteuve ès fiant s' ronde!

Puis nos sondgeainnes à nos cougnous (1),
Car on nos digeuve qu'après l' messe,
Jésus, fidèle au rendez-vous,
D'vaît v'nu les alignî sus l' dresse.
A dadaïe, bin qu'à pids tot d' tchaus,
L' matin, quand nos nos dispiertainnes,
Sus les pìres bleuwes et les carreaux,
A pagna volant nos courainnes!

Astheûre qui nos avans grandi,
Les cougnous sont rèsvôye à messe! (2)
Au cœûr gn'a pus po nos r'chandi
Qui l' douce sov'nance di noss' djonnesse!
On n' cause pus del messe di mée-nait.
Li progrès trouve ça : vìx ramadges!
Mais tos l's ans quand rivint l' Sainte-Nait,
Dji m' rissovins des vìx usadges!

---

(1) Cougnous, gâteaux de Noël donnés aux enfants au pays de Namur.

(2) Rèsvôye à messe, expression locale désignant un objet disparu, une chose oubliée.

Li vie hôrlodge

Elle nos vint di noss' grand'mére
Què l' tineuve di ses parints,
Et quand il ès cause, mi pére
A des lâmes aux ouyes...'sovint.
Bin des dgins sont d'jà v'nus l' vôye,
D'geant : c'ess't one antiquité!
Mais jamais elle n'esst' èvoye,
Car nos nè l' saurainnes quitter!

Nos l' connichans di l'èfance,
Elle sonneuve nos prumis ans,
C'est noss' pus vie connichance!
Ossi, quand nos ès causans,
Nos nos rappèlans nos djôyes
Et les sov'nances do passé.
Ès l' waitant nos pinsans r'vôye
Noss' mére qui nos a quitté!

Disos l' poussère des années
Gn'a l' cadran qu'est tot noiri,
Les coides sont totes rapicetées
Et les poèds sont ramoinris.
On ètind, chaque cóp qu' l'heure sonne,
Dins l' vie caisse on dgèmich'mint
Qui vint braire avau l' maugeonne
Comme on souspir do vîx timps.

Elle a sonné bin des heures,
Dispeu les ans qu'elle est là
Et bin qu'elle seuïe vie astheure
Nos autes nos nè l'ainmans qu' mia.
« Djè l' connais dispeu m' djonnesse;
Nos dit m' pére ès l' rimontant,
Et l' seûl espoèr di m' vyesse,
C'est d' co l'ètinde ès morant! »

Maugré l'âge et bin qu' fayée,
Elle n'a co jamais clinci,
Tote noss' vie a sti mârquée
Au tic tac di s' balançî.
Nos l'ainmans, nos li fians fiesse
Et pus taurd, dins saquants ans,
Elle sonn'rait co noss' vyesse
Et l' djonnesse di nos èfants!

Les Fransquillons

Dispeû quéque timps, sins sawet c' qu'on vout dire,
Gn'a noss' pays qui s' divise ès deux camps.
Au comminc'mint les Wallons n' fiainnent qu'ès rire,
Hossant les spales aux dgesses des Flamingants.
On acompteuve leû ramadge po biestrie,
Quand i's nos dgeainnent : v's estoz des Fransquillons!
Mais audjourdu, po l'honneur del patrie,
Faut qu' nos r'lèvanges li drapia des Wallons!

One miette après l'an dige-hiût-cint et trinte,
Quand nos aïeux morainnent po l' liberté,
C'est les Français qui sont v'nus nos disfinde :
L' mèyeu d' leu song i's nos l'ont st'appoirté!
Po nos fer libes i's ont donné leu vie
Po les Flaminds tot comme po les Wallons,
On s'ès sovint co dins noss' Wallonnie,
N's avans do cœûr, nos autes, les Fransquillons!

Ossi nos v'lans qu'on rappelle li mémoère
Des braves soudarts qui s' fiainnent touer por nos,
Nos v'lans qu' leu nom seuïe waurdé pa l'histoère
Et c'est po ça qu' nos nos lèv'rans tortos!
Nos n' volans nin qui pus taurd on seuïe dite :
« Gn'a qu' des ingrats, au pays des Wallons! »
Nos vix aïeux nos n' v'lans nin les disdire
Et nos sèrans comme zels, des Fransquillons!

Poquoè faut-i qui des querelles di race
Mettent-nuche ès feu les quate coins do pays?
Aux cœurs wallons, li rancune ratt'mint passe
Et tos les peûpes sont nos fréres, nos amis!
Nos nos fians gloère d'awet riconnichance
Aux cias qu' nos d'vans d'esse au rang des nations
Et si gn'enn' a qu'enn' ont pierdu l' sovenance,
Ces t'là n' sont nin do pays des Wallons!

Adlez nos autes c'ess't one acostumance
Di n' nin rovî l' service on côp rindu,
Avou fierté nos ès waurdans l' sovenance,
Maugré les cias qui n' volent-nu nin s' sov'nu!
Nos, nos pinsans comme ont pinsé nos péres,
Didins nos woinnes boût l' song des vîx Wallons,
Et nos r'waitans les Français comme des fréres,
Nos estans fiérs d'esse dins les Fransquillons!

Noss' vîx lingadge!

(musique de Fernand Lhôneux).

(3e mention. — Caveau Liégeois, 1893)

Quand on a couru tos costés
Tot sûvant li destin del vie,
Maugré les tourmints rescontrés,
One saquoè qu' jamais on n' rovie,
C'est l' gazouyadge des prumis ans,
L'harmonieux et si doux ramadge
Qu' nos bardouyainnes, pitits èfants,
Et qu' nos ainmans co maugré l'âdge!

Rèfrain :

Tchantans gaimint noss' bia pays,
Noss' bon patoès, noss' vix ramadge,
Et dins nos tchansons, mes amis,
R'lèvans l' drapia di noss' lingadge ! } bis.

Si ratte qu'on rinterre au pays
I r'vint co charmer nos orèyes.
Pa ses spots, n's estans ragayis,
On pout dire qui gn'a pon d' parèyes !
Gn'enn' a des roèds, gn'enn' a des doux,
Et d's autes qui clawent-nu sins rèplique,
Noss' vîx djargon fait des djaloux,
L' Wallon, c'est l' gaitè del Belgique !
Rèfrain.

Au cœûr i vint po rèwèyî
Li sov'nance des djonnès annèes,
C'est li qui vint nos radjonni,
Fer l' croèx sus les misères passées !
On s' rappelle alôrs li djonne timps
Quand on coureuve pa t'avau l' reuwe,
On r'prind des djeux rovîs d' longtimps,
Comme si l' djonnesse estait riv'neuwe !
Rèfrain.

Tote one nûlèe di djonnes scrîgeux
Si lève po l' tchanter, po l' disfinde ;
Li vîx lingadge di nos aïeux,
Maugrè tot n' doèt jamais distinde !
C'est tot c' qui d'meûre des ans passés,
Di nos bataïes et di noss' gloère,
Disbris qui l' timps a ramassés,
Noss' vix Wallon, c'est noss't histoère !
Rèfrain.

Arrière-Saison

Li matinée est grigneûse,
Catchis didins les grands boès,
Tos les p'tits mouchons sins voèx
Djoquent-nu leû tchanson djoèyeuse.
Il a rellé sus les prés
Et les fleûrs, dairennes flories,
Si sintant totes ramoinries,
Braient-nu leu solia d'esté!

Sus les aubes, les fouyes djanies
Choyeuwes pa l' vint, s'èvolent-nu
Avau les vôyes, elles couvent-nu
Saquans hièbes, ossi flanies.
Si l' solia, por on momint,
S' mostèrre ètur deux nûlées,
Li dairin mouchon tchiplée
Li rèquïem do Prétimps.

Mais rin n' respond dins l' boscadge!
Di tchanter c' n'est pus l' saison,
Au cœûr i gn'a nu tchanson
Quand les boès n'ont pus d'ombradge.
Tot l' monde a l' cœûr annoyeux
Et noss' pôve âme qui s' dèsole,
Brait li dairenne fouye qu'èvole
Espoirtant les djoûs heûreûx!

Mi p'tit moinnadge

On voèt des dgins di totes sôrtes didins l' vie,
I gn'a des ritches... i gn'a des pauvriteux!
Les caurs jamais n' m'ont fait djairi d'invie,
Dins m' position, maugré tot, dj' soss't heureux.

Todi djoèyeux, dji passe one vie tranquille,
M' maugeonne ess't one vraie gayole di pinsons,
L' bon Diet qu' m'a d'nè li bonheûr ès m' famille,
Au fond di m' cœur a mettu des tchansons!

Dj'a po compagne one bonne feumme di moinnadge,
Qu' n'est nin faraude et nin po ragad'ler,
Todi voèyante elle a l' cœûr à l'ovradge,
N' sondgeant qu'à m' plaire, fiant tot po m' cadjoler.
On bel èfant d'lez nos autes vint sorire,
Nos rèdjoui pa ses p'titès façons,
Et t'a n'awette dji li tchante po l' fer rire,
Les gais rèfrains di nos viès tchansons.

Comme dit li spot : à chaque djoû suffit s' poinne,
Dji vique heureux sins peû do timps à v'nu,
L' djoû qui sût l'aute sins manquer nos ramoinne
Co pus d'amour, vinant po nos sot'nu.
On s' croèreuve cor aux prumis djoûs d' mariadge,
Adlez nos antes gn'a qu' des bellès saisons,
Lì contint'mint raingne didins noss' moinnadge,
On n'ètind là qu' des rires et des tchansons.

Dins noss' vôseure, si passè on p'tit nuadge,
Nos nos r'waitans sus l' costè po l' tchessi.
On p'tit clin d'ouye nos préserve di l'oradge,
Ratt'mint l'amour rivint nos cotchessi.
Rintrant d' l'ovradge, dissus l' taurd, à l' viesprée,
Dji prinds l'èfant tot choûtant ses raisons,
C'ess't avou li qui dj' m'amuse à l' soèrée
Ès li tchantant mes pus bellès tchansons!

Si pauve qu'on seuye i faut rabelli s' vie,
Gn'a pon d'avance à todi s' disbautchi,
Poinnes ou misères, i faut qui tot s' rovie
Et ça vaut mia qui d' s'ès discoradgi.
Quand on s'ainme bin li vie est co djoèyeuse,
L'amour nos douve des novias horizons,
Et c'est d'sos s't aile qu'on passe one vie heureuse
Et qui dins l'âme on n' trouve qui des tchansons!

Li vatche au ri

Elle èva d'on pas paugère,
Li vatche qu'on codût st'au ri
Et drî lèye, comme po l' complaire,
Li maisse sût d'on air naugi.

Mais gn'a l'aiwe qui n' l'attire wére,
Li biesse sondge cor aux pachis,
Elle si r'voèt comme à n'awére,
Dins les tchamps tot ravèdis.

Mais volà l' maisse qui chuffelle
Et dit doucemint : « Bèvoz, belle ! »
L' coû del vatche vint d' s'abachî.

Ès lampant, s' vinte si gonfelle
Et maugré s' maisse qui l' rappelle,
Belle n'est nin prête à lachî !

Li cheminau

Aspouyî dissus s' caune, i rotte,
A l' grâce di Dieu, todi d'vant li !
V'là dèdjà bin des djoûs qui trotte
Sins sawet quand c' sèrait fini.

Dissus si spale one fayèe hotte
Halcotte, commèlant les disbris
Donnés pa n' sinc'resse qui barbotte
Sus les pôves qui courent-nu l' pays.

S'assîtant sus l' costé del vôye,
I prind, si personne ni pout l' vôye,
On boquet d' pouain sètche po l' mougnî.

Et là, tot seû, l' pôve diâle s'annôye,
I d'meure one miette comme à sondgî !
Mais l' timps passe !.. Houp !.. Il ess't èvôye !

Li p'tit vérrî

Aviès l' viesprée on pout vôye
Passer l' pôve pitit vérrî,
Rottant, tronnant d' frèd sus l' vôye
Po z'enn' aller travayî.

N' faut nin pinser qui s'anôye,
I chuffelle à tot spiyî,
Si djonne cœur qu'a co del djôye
A s' misère ni sait sondgî.

Car dispeu qu'il ess't au monde
Li pauvrité l'a v'nu djonde,
L'èfant l'a todi connu.

Et maugré s' djonnesse flanie,
Faut qui poinne po gangnî s' vie
Quand l's autes èfants vont doirmu!

Li pècheu

Dizos l' solia qui toctée,
Li pècheu, sins y sondgî,
A grosses pougnies amôrcée
Ès Biau (1), sins v'lu boudgî.

Sus l'aiwe qu'ess't à poinne ridèe
L' flotteu vint douc'mint bagnî,
Si n'aublette qui passe betch'tée
L' coirps di l'homme a tot frumgî.

Car i n' pièd nin l' flotteu d' l'ouye,
Il a si sovint ieu l' couye
Qu'l' a peu d'iesse cor attrapé.

(1) Biau, confluent de la Sambre et de la Meuse.

Et si ratte qui l' bouchon clince,
Il est payi di s' patieince
Pa l'espoèr d'on bon soper!

Faut bin dire one saquoè

(MONOLOGUE)

Dj' sos sûr qui vos rioz di m' tiesse?
Bin sûr, dji n'a nin l' cœûr à l' fiesse,
C'est l' vrai portant, ça n' mi va nin
Di v'nu vaici, mi, qui n' sais rin!
Au fond, dj' n'a nin l'air à l' dicause,
I faut portant bin qui dj' vos cause
Et pusqu'on n' m'a nin lèyî l' choèx,
Faut bin dire one saquoè.

Vos poloz l' croère, ça n'a rin d' drole,
Quand on n'a nin l' don del parole,
Di s' trover divant n' masse di dgins
Po d'vu causer quand on n' sait rin.
Tot dairennemint dj'a co sti l' mainme
Adlez n' commère qui d'geuve : « dji v's ainme! »
Dji pinseuve ès choûtant s' douce voèx :
« Faut bin dire one saquoè! »

Mais dji n' trovais rin dins m' pôve tiesse,
Djè l' riwaitais d'on air si biesse,
Qu'elle a churé do rire à m' nez.
Dj' pinsais mainme qu'elle allait stronner!
A l' fin, rachonnant tot m' coradge,
Dj' li dis : « dj' n'a pon d' goût po l' mariadge
Et m' cœur est comme on boquet d' boès! »
Faut bin dire one saquoè.

A l' fin des fins v'là qu' dji m' marie.
Do timps qu' nos estainnes à l' mairie,
Quand li bourguèmaite nos causait,
C'est todi m' feumme qui respondait.
Mais n' volà-t-i nin qui m' dimande
Si po m' feumme dji voux Ferdinande?
Dj'a dit qu'ohi, sins sawet quoè!
Faut bin dire one saquoè.

Mais, m' belle-mére, après noss' mariadge,
A mettu l' diâle ès noss' moinnadge,
Foirt heureusemint qu'elle vint d' moru
Et qu' quand on est moirt on n' vique pus!
Astheure elle ess't au cimintière,
Et quand li bon Diet l'a v'nu r'qwère,
Dj'a dit : « Dj' sos quitte d'one fameûse croèx! »
Faut bin dire one saquoè.

Mi feumme est diâle po l' djalouserie,
Co pire qu'on tigue di moinnadgerie,
Elle mi scrèpe vraimint les boyas
Tot ès m' fiant n' tiesse comme on saya!
« Ah! si jamais m'n homme mi trompeuve! »
D'geuve-t-elle, mais mi, dji respondeuve :
« Vos tromper, fèfèye, et poquoè? »
Faut bin dire one saquoè.

Dj' l'a pierdu dispeû chix samoinnes,
Ça co sti l' pus grande di mes poinnes.
Les prumîs djoûs dji m' disbautchais,
Gn'avait pus rin qui m' rapaugeait.
Mais pon d'avance à todi braire,
Criyi, dgèmi, ça n'avance wère,
Dji m' dis : « Bah! l'irait mia qu'on n' croèt! »
Faut bin dire one saquoè.

Mais li timps passe, i faut qu' dj'èvôye,
V'là d'jà trop longtimps qui dj' vos sçôye,
I m' fallait portant bin causer
Bin qui dj' n'euïe rin po v's amuser.
Astheure portant dji sos bunauge
Et dji sins m' cœûr qui frumgie d'auge,
Car, dji sos quitte d'on fameux poèds,
Dj'a seû dire one saquoè!

Mi pitite Rïette!

(Air : *Ma grosse Julie*)

Dins totes les bauchelles do hamia
I f'reuve malaugi trover mia,
Ouyes rilûgeants, taye sins parèye,
Rïette, ah! c'ess't one vraie mervèye!
C'est l' fèye di nos bons vîx voèsins;
Elle vint tofèr mon mes parints,
Dispeu todi djè l' connicheuve
Et sins m'ès douter dji l'ainmeuve!

Rèfrain

Ah! comme elle est douce et djolie!
On n' saureuve li vôye sins l'ainmer,
Por lèye, dji f'reuve totes les folies,
Dji tronne tot quand dj' doès li causer!
Ah! c'ess't one vraie fleur d'amourette,
Mi p'tite Rïette!

Bin qu' djonne fèye elle est cor èfant,
V'là qu'elle court sus ses dige-hût ans,
L'aute djoû n's estainnes là, drî l'urée,
Qu' nos nos promoinrnainnes à l' viesprée.

Vos dire commint c'ess't arrivé,
Dj'ès sos cor à mè l' dimander ;
Mais c'est là qu' dj'a r'çi s' prumère bauge,
Et dispeu lôrs djî sos bunauge !
Ah ! comme elle est, etc.

D'vant wère n's allans nos aloyî.
Pus lon qu' noss' nez faurait sondgî,
Quand nos aurans n' pitite nichie
A qui faurait donner l' bètchie.
Mais tos les deux nos n's y mettrans
Et co pus foirt nos nos aimerans.
Po s' richandi n' faut qu'one caresse,
Li contint'mint passe li ritchessé !
Ah ! comme elle est, etc.

Li resconte do Champette

(Air : *Bricmolle et son camarade*)

Gn'a saquans djoûs d' ça, li long do boès d' Dauve,
Dj' rottais d'lez Titine tot li contant n' fauve.
Nos n'n'allaines à deux, li cœur rédjoui,
Mi, dè l' vôye bunauge, dji l'esteuve ossi !

Comme dissus noss' tiesse li solia toqueuve,
Dji d'mande à Titine, si ça li plaireuve
Di moussî d'sos boès po nos rafraichi ?
Titine y consint, ça m'alleuve ossi !

Nos v'là tos les deux broquant d'sos l'ombradge,
Di peû do solia, catchîs d'sos l' fouyadge,
A deux sus les hièbes, nos d'mèrainnes assis !
Elle si t'neuve paugère, dji l'esteuve ossi !

Tot fiestant l'amour les mouchons tchíplainnent,
Cotapées pa zels, les fouyes rimouainnent,
Titine les waiteuve d'on air di dispi!
Mi, tot ès sondgeant, dj' les r'waiteuve ossi!

Sus l' momint qu' Titine à l' copette waiteuve,
Causu maugré mi, dji m'ascropicheuve,
D'aplomb sus ses leppes djè l' rabresse ainsi!
Adon v'là Titine qui m' rabresse ossi!

Tot nos rabressant, ses tch'fias qui s' disfiainnent,
Tot discomêlés, sus ses spales tchèyainnent,
N' v'là-t-i nin l' champette qui vint : sapristi!
Titine si catchait, dji m' catcheuve ossi!

Li champette mi d'mande ci qui nos amoinne
Au boès si matin! dj' li dis : dji m' promoinne!
— Tot parèye qui mi; mais mamzelle, dis-t-i?
Titine li respond : — Dji m' promoinne ossi!

— Nin les poinnes, dis-t-i, d' conter n' couyonnade,
Dj'a foirt bin vèyu... tote voss' promoinrnade,
A fer parèye vôye, on n'est nin naugi
Et quand dj'estais djonne djè l' fieuve bin ossi!

One pasquée parèye annonce on mariadge,
Dis-t-i cor, et quand v' sèroz-s't'ès moinnadge,
Si manque on parrain po lèver li p'tit?..
— Vos l' sèroz, li dis-dje... et Titine ossi!

Tchantez mouchons!

Pitits mouchons, li prètimps vos ramoinne,
Li tchaud solia vos a rindu voss' voèx,
Et v's allez co pa les bellès samoinnes,
Pa vos tchansons ragèyi nos grands boès!

On ètindrait tos costés voss' ramadge,
Avau les vôyes, les hayes et les bonchons,
Et nos irans vos choûter d'zos l'ombradge!
Tchantez gaimint, mes dgintils p'tits mouchons!

Aviès l' viesprée v' voèroz pus d'one djonne fèye,
Qui passe au brès d'on bia djonne amoureux
Et vos diroz vos pus doux tchants por lèye,
Des tchants d'amour, faits po les dgins heureux!
Car quand on s'ainme l'âme est tote raclèrie,
Tot parait rose et l' cœur n'a qu' des tchansons!
Gais trovadours di noss' saison florie,
Tchantez gaimint, mes dgintils p'tits mouchons!

Tchantez todi, car li tchanson rapauge
Et fait passer saquans heureux momints!
Ón gai rèfrain ragèyi, rind bunauge
Et tchesse au lon ci qui fait nos tourmints!
Dizos l' vôsure ès displèyant vos ailes,
Lign'rous, faubittes, rossignols et pinsons,
A voss' gaité seuyoz todi fidèles :
Tchantez gaimint, mes dgintils p'tits mouchons!

Dizos les fouyes ès fiant vos amourettes :
V's iroz catchî vos amours d'on prétimps
Et fer voss' nid, voss' pitit nid tot vette,
Dins l' coin l' pus sombe bin à yutte do mwais timps!
Tant qu' vos èfants, quittant l'aile di leu mére,
Vôront voler viès d' novias horizons,
Viès les amours, comme à s' prétimps, leu pére!
Tchantez gaimint, mes dgintils p'tits mouchons!

Mayanne et l' djusse au lacia

(FAUVE)

Mayanne, avou sus l' tiesse one belle djusse au lacia,
Tot joèyeusemint quittait l'hamia.
Elle eun' alleuve d'on pas tranquille,
Sondgeant à ci qu'elle f'reuve ès l' ville.

— Dj'ach'tèerais saquans ous, dist-elle, dji f'rais cover,
Dj'aurais pouyes et polets augis po zèlèver,
Adon dji les r'vindrais d'one manière foirt honniesse
Et dji n' piėdrais nin d'sus, car Mayanne n'est nin biesse!
Alors avon tos ces caurs-là,
Nos ach'tèerans st'on bia pourçia
Et dji l'ècrauch'rais bin, sûr qui dj'enn' aurai songne,
On sait bin qu'à l'ovradge, jamais Mayanne ni grogne.
Ės l' rivindant bin crau, bin dodu r'lûgeant d' laurd,
Nos aurans des patars et quèqu'fie qui pus taurd
Nos pôrans prinde one deuzainnie vatche;
Adon c' côp-là, n's aurainnes li saiche!
C' sèreuve awet tos les bonheûrs,
Et nos viqu'rainnes comme des seigneûrs!
Mais là-d'sus, noss' Mayanne sautelle tote èffoufée,
Li djusse fait l' cumulet!.. Bonsoèr tote l'attèlée!
Tot ès brèyant c' qu'elle a pierdu
Mayanne, li cœur tot comolu,
Ės r'va bin pèneuwe ès s' maugeonne,
Si catchant, d' peû qu'on nè l' couyonne.
. . . .
Po vos vanter, purdoz voss' timps,
N'euchoz nin peu d' taurdgi longtimps,
Car on n' doèt nin s' vanter dins l' vie,
D'one belle djournée, s'elle n'est gangnie!

Sus l' moirt d'on èfant

S'on m'aveuve dit portant, quand tot bunauge d'esse pére,
Dji vos waiteuve saut'ler sus les dgnos di voss' mére
Et qui voss' doux sorire fieuve risette à papa,
Qu'on djoû vos sèriz là tot ossi frėd qu'one glace,
Vos qu'esteuve si bin v'nant, si ross'lant, si coriace,
Jamais dj' n'aureuve volu croère ça!

Ah! poquoè vos r'prind-t-i, li cia qui vos avôye?
Li bon Diet qui vos donne po qu' vos seuyoz noss' djôye,
Li manqueuve-t-i quéqu'fie on andge au Paradis?
Quand vos estiz d'lez nos, vos vôye esteuve one fiesse
Et nos avainnes mettu tant d'espoèrs sus voss' tiesse!
Mais, tos les bonheurs sont paurtis!

Quand vos pititès leppes doucett'mint rimouainnent
Et qu'avou voss' moman, d'lez voss' lé nos choutainnes,
Po z'assayi d' comprinde à l' vole, vos prumis mots!
N' n'aurainnes jamais p'lu croère qui l' malheur s'abbat-
Dissus l'andge adoré, qui si foirt ou ainmeuve [treuve
Et qui nos n' l'audrainnes nin d'lez nos!

Quand dj' purdeuve ès djouant vos deux mouains dins les
[mennes,
Voss' pôve mère accoureuve po vos prinde dins les sennes,
Nos estainnes si contints d' rire avou noss't èfant!
Astheure vos p'titès moains sont bleuwies et frèdes
Vos pôvès p'titès djambes sont là stindeuwes et roèdes,
Et tot seus vaici, nos d'mèrans!

Nos aurainnes di plaigis volu sèmer voss' vie,
Nos v' soudgeainnes on avenir, qu'aureuve rimpli d'invie
Li cœûr des pus heureux, tèlmint v's auriz bin sti!
Nos aurainnes, divant vos, sipiyî totes les spennes,
Et peu qu' vos n' trèbuquiche, rauyî totes les racennes
Sus l' vôye qui vos auriz tchoèsi!

Mais gu'a l' moirt qu'esteuve là dins l'ombe et qu'agui-
Li pôve andge innocint qui sins displis djoueuve, [gneuve
Tot fiant l' djôye et l' bonheur di nos naits et d' nos djoûs;
Et nos estainnes bunauges d' vos ètinde et d' vos vôye,
Nos n' vèyainnes nin l' nûlée s'amonceler sus voss' vôye,
Po nos amoinrner poiunes et doûs!

Pôve pitit chérubin qui fiait l' bonheur di s' mère,
Tote li djôye et l' gaitè, tot l'espoèr di s' pôve pére,
Vos estoz rèvolé d'lez les andges do bon Diet!
Nos vos avans pierdu! Z'y sondgi m' cœûr ni woisse,
Et nos vos r'vièrans ratte, car vos estiz noss' foice.
A r'vôye, trésor, chèr andge, adiet!

Si vos m'ainmiz!

(Air : *Gastibelza*)

Si vos m'ainmiz, si v' paurtadgiz, djolie,
Mi sintimint,
Rin qu' d'y sondgî dji sins m' cœûr qui frumgie
Di contint'mint!
Noss' vie sèreuve d'one douceu sins parèye.
Si vos saviz
Comme à nos deux nos s'rainnes heureux, fèfèye,
Si vos m'ainmiz! (bis).

Dji sèreuve là todi prêt à v' complaire
Sins rèmouler,
N' sondgeant vraimint qu'à fer tot po vos plaire,
Po v' cadjoler!
Et sins compter dji v' rindreuve les caresses
Qui vos m' dôriz,
Noss' vie sèreuve on bia sondge di djonnesse
Si vos m'ainmiz (bis).

Ah, c'est si bon, c'est si doux quand on s'ainme!
N' savoz nin ça?
Maugré les poinnes on ess't heureux quand mainme,
L'amour est là!
Por vos dj' sum'reuve des fleurs pa t'avau l' vôye
Où vos rott'riz
Et tot m' bonheur djè l' trouv'reuve dins vos djôyes,
Si vos m'ainmiz (bis).

A deux, nos f'rainnes on si bia p'tit moinnadge,
Nid d'amoureux,
Voss' gai sorire mi dôreuve do coradge
Po tos les deux!
Po qu'ès noss' cœur jamais l'amour ni candge,
Bin ratte au nid,
Dieu n's avôyereuve on bia mainmè p'tit andge,
Si vos m'ainmiz (bis).

Ça chonne si doux quand l'èfant nos appelle
Papa, maman !
Ci musique-là, di tortotes est l' pus belle
Ès z'y pinsant.
Ah ! dji vos trouve co cint côps pus djolie,
Si vos vôriz,
Qué Paradis nos f'rainnes di nos deux vies,
Si vos m'ainmiz ! (bis).

Nameur po tot

(Air : *Les commis-voyageurs*)

Dins tos les coins do monde,
C'est bin l' dit da tortos,
Vos ètindoz st'à l' ronde
Causer d' Nameur po tot.
C' n'est nin mi qu'el invente,
C'ess't one saquoè d' connu,
C' n'est nin l' prumi qu'el tchante,
Ça n' date nin d'audjourdu.
C'ess't ainsi
Dji vos l' dis
Et tortos vos d'voz dire avou mi :
Po l' bon toubaque
Et po l' fine craque,
Po bin viquer,
Rire et tchanter !
Po l'amourette,
Po l' tchansonnette,
Enfin po tot,
I gn'a qu' Nameur po tot !
Ohi po tot !

Vos connichoz bin l' tripe,
Li vîx s'cret da Dôdôr,
I n'n'a lèyi l' principe
Et ça vaut s' pèsant d'or,

Et les grossès saucisses
Qu' fait si bin Twoinne Pâquet,
C'est l' pus vix d' mes caprices
Avou l' plat d' vitolets!
C'ess't ainsi,
Dji vos l' dis
Et tortos vos d'voz dire avou mi :
Qui po l' botcherie
Et l' bolèdgerie,
Po les crènés,
Les fins paustés,
Po l' couyonnade
Et l' pasquinade,
Enfin po tot
I gn'a qu' Nameur po tot!
Ohi po tot!

Gn'a co l' vix trau d' Gravère
Et s' mayeur bin connu!
Po l' cia qu' les connait wère
Ça vaut bin d'esse vèyu!
Des commères bin avenantes
On ès trouve à gogo,
Elles ni sont nin mèchantes
Et gn'a bin por tortos,
C'ess't ainsi,
Dji vos l' dis
Et tortos vos d'voz dire avou mi :
Po les djolies,
Les pus dginties,
Des p'tits pouyons,
Bias p'tits crètons!
Po les bauchelles,
Po les pus belles,
Enfin po tot,
I gn'a qu' Nameur po tot!
Ohi, po tot!

Dins l' coin patriotique
Les Namuroès sont là,
Do wallon, dins l' Belgique
I's r'lèvent-nu l' vìx drapia!
Nos estans co del race
Di nos vìx Gravèriens
Et nos rotans sus l' trace
Di nos bons vìx parints!
C'ess't aìnsi,
Dji vos l' dis
Et tortos vos d'voz dire avou mi :
Dins noss' patrie
L' wallon s' rovie
Et sins l' flamind,
I gn'a pus rin!
Mais noss' lingadge,
Brav'rait l'oradge,
Et maugré tot,
Gn'a co qu' Nameur po tot!
Ohi, po tot!

Li vie poite di Sambe et Moûse

Elles èvont les viès muraïes,
Glorieux disbris di noss' passé,
Vìx tèmoins di bin des bataïes
Dont tot sov'nir ess't effacé.
D'sos les années hossant leu tiesse,
One après l'aute, annoyeus'mint,
Maugré leu grandeû, leu vyesse,
On les lait tchère malheureusemint!

Gn'a noss' vie poite di Sambe et Moûse
Tot c' qui d'meure d'on timps disparu !
Des années elle a bravé l' coûse,
Comme nos autes, nos péres l'ont connu;
Les hièbes ont crèchu dins les craïes,
Les fleurs sauvadges, ès florichant,
Ont co rabelli ses muraïes
Qui clincent-nu là, tot flauwichant.

Elle est portant là, dilez l' place,
Oùsqu'on boute les vîx monumints !
Souhaite-t-on qui n'ès d'meure pus trace,
Ou por lèye n'a-t-on nù momints ?
Va-t-on rattinde qui, disgostée,
Et choûtant l' Sambe qui l' voèt volti ;
Elle fuche pa ses aiwes èpoirtée !
Pusqu'on n' trouve nin l' timps d'y sondgi !

Li vîx Thestia

A mon ami Alexandre Gérard.

Si mostrant au-d'zeu d' noss' ville,
Si dressant fier et tranquille,
On pout vôye li vîx tchestia.
Les pires ès sont vermoleuwes
Et gn'a brâmint des tchèyeuwes
Dispeu les ans qu'elles sont là !

On ès cause didins l'histoère,
C'ess't on monumint d' noss' gloère
Qui nos vîx péres ont lèyî.
Et bin qu'on n' li faie pus fiesse,
I saye co do r'dressi n' tiesse
Qui les années ont plèyî !

Et quand l' ville ess't èdoirmeuwe,
Si ratte qui l'ombe est tchèyeuwe
On y voèt pus d'one claurtè!
Rivenances di nos guerres passées,
Sovenances di glorieuses années
Qu'astheure on lait sus l' costé.

Les tours « Cèsar et Joèyeuse »
D'acostumance anoyeuses,
Rivôyent-nu leus lansquènets.
Et là, sus « l' bonnet do prêtre »
Tote one ribanbelle di reitres
Wèye, avou l'ouye aux aguets!

C'est dins l' víx tchestia des comtes
Qu'on m'a r'dit c' qui dj' vos raconte,
Vie lédginde do timps passé
Ritrovée par astchèyance
Et qu' por ès waurder l' sovenance,
Dj'a pieusemint ramassé!..

Tot anoyeux qu'on l' rovie,
On direuve qui vont r'prinde vie
Et fer causer ses canons!
Mais l' timps n'est pus aux bataïes
Et pa t'avau ses muraïes
Astheure crèchent-nu les wazons!

Et l' timps, pitchotte à migotte
Nos l' dismolit gotte à gotte,
Comme tot c' qui nos avans d' bia!
Les gamins sòrtant des scoles,
Courent-nu fer leus cabrioles
Sus c' qui d'meure do vix tchestia!

Li nid d' faubittes

Bin à yutte et bin foû des ouyes
Sus l' vîx pommî di noss' pachi,
Etur les coches et d'sos les fouyes
One djonne faubitte avait nichi.

Les djonnes tchîplainnent ès leu catchette,
Vèyant l' verdeu rimpli les boès.
Quand li prumère fleur est douviette
Tos les tchanteux r'trouvent-nu leu voèx!

Mais ratte les èfants do villadge,
Etiudant l' brût di leus tchansons,
Ont trové l' pôve nid dins l' fouyadge
Et sont v'nus qwère les p'tits mouchons!

L' mère qui brait ses prumèrès djôyes,
Rivint dins l' pachi tos les ans
Et voletée pa t'avau les vôyes,
Ès z'appèlant ses p'tits èfants!

Di l'aube i n' sòrte pus qu'one complainte,
Qu'à l' vièsprée li mère vint dgèmi
Et s' pôve tchanson monte comme one plainte,
Etur les coches do vix pommi!

A vingt ans!

(Air : *T'en souviens-tu)*

Adon dj'aveuve l's illusions del djonnesse
Et dji lodgeuve au prumî d'zos l' gurni.
Dj'estais foirt ritche... d' bonnès idées ès l' tiesse
Et l' fond di m' potche estait tot disgârni.
Mais maugré tot, bin qu' lodgeant l' diâle ès m' boûse,
Dj'esteuve heureux, dji viqueuve ès tchantant.
Si les années p'lainnent ric'minsi leu coûse, } bis.
Dj' vôreuve rivôye mes misères di vingt ans! }

Co pus d'on côp m'a fallu grognî m' vinte
Et fer n' croèx d'sus po polu l' continter;
Mais à c't âge-là, l' pauvrité n' donne pon d' crainte,
Ça m' fiait co rire « d'ètinde les andges tchanter ! »
Mais li timps passe et pitchotte à migotte,
Mes dints n'n'èvont et mes tch'fias waïemée-nu
Et di m' djonnesse i n' mi d'meure qui « les gottes ! » } bis.
On a dins l' vie qui les poinnes qui r'veignent-nu ! }

Dji n' saveuve vôye passer n' jolie brunette,
Sîns couru dri, sins li causer d'amour ;
Ostant qu' di tch'mige, dji candgeais d'amourette,
Li brune et l' blonde, à l' vole avainnent leu tour !
Ah ! timps heureux di mes djonnès années,
Poquoè faut-i qui vos n'n'alloche ainsi ?
Quand on rapinse ses doucès djôyes passées, } bis.
Au fond do cœur on r'sint co do plaigi ! }

Ah ! c'est s'bâraut comme les ans n'n'èvont vite,
Sur on rin d' timps, dige ans souss't èvolés !
Di mes amours asthеure si dji sos quitte,
Dji braireuve bin di les vôye enn' allès !
Car l'âge est là, c'est l' prumî côp qui sonne,
Si l' cœur est djonne, les djambes n'ès volent-nu pus !
Dj'a fait m' tchanson pò qu' nos tchantanges èchonne } bis.
Totes les sovenances des heureux djoûs pièrdus ! }

Ès rattindant l' laçia

(TAUVIA D' REUWE)

Ès waitant v'nu n' pitite tcherrette ;
Stampée sus l'huche Mayanne rattind,
Lèyant pinde li pélou qu'elle tint
Et stoffant n' grosse bauye ès catchette.

Elle s'a lèvé timpe au matin,
Ses tch'fias volent-nu t'avau l'hanette :
Po rabelli n' miette si toèlette
Elle n'a nin co seu trover l' timps.

Perrette qui voèt qu'on l' rattindeuve,
Au pus [illegible] s' djusse [illegible] keûve,
Peu qu' Mayanne ni s' mette à brouyî.

A grandès mèseures elle wideuve
Et timps qui l' pèlon s'implicheuve,
L'aute si tourneuve po p'lu bauyî.

Ès Grognon (1)

Quand dji vins d'lez vos boirds, ô Moûse!
Adlez vos dji m' boute à sondgî;
R'waitant l'aiwe qui sût todi s' coûse,
Dji d'meure là des heures sins boudgî.
M' pinsée èvole et vagabonde,
Djè l' sins couru di laudge et d' lon,
Et dji sos l' pus heureux do monde
Quand dj' rivoès m' vîx port di Grognon.

Quand po sûre li destin del vie,
On s'a bin longtimps cobattus,
Vint on momint où l' cœur djairie
Après les coins qu'il a connus.
Et maugré tot l' plaigi d' les r'vôye,
On ess't aunoyeux, pa momints,
Di n' pus r'trover pa t'avau s' vôye
Tot ci qu'on y vèyeuve dins l' timps!

---

(1) Grognon, confluent de la Sambre et de la Meuse.

Là c'estait l' rempart di Gravère
Où nos courainnes, pitits èfants!
Mi pinsée èva co vos r'qwère,
Doncès sovenances des prumis ans.
S' rôlant sus les hièbes, on djoueuve,
Ah! qui n'estans-n's co di c' timps-là!
Comme avou bonheur on r'viqu'reuve
Les heures qu'ont sti passées vailà!

Qui sondge à vos, choses èvolées,
Po fer place au progrès rottant?
Vos viès pires sonss't èpoirtées,
Causu tot seu, nos les r'grettans!
Quand dj' passe à l' viesprée dissus l' vôye,
Ès l' place où, djonne, dji v's a connu,
Li sovenance mi fait todi r'vôye
Tot c' qui dj'ainmeuve... et qu' dj'a pierdu!

Ci qui dj' rigrette!

(Air : *Je n' vous l' dirai pas*)

Chantée pour la première fois au théâtre Malibran, d'Ixelles, par Mme Laure Herdies, le 16 novembre 1892

Astheure nos voci dins l' vyesse
Et nos rottans tot ascropus,
L'hivier a nivé sus noss' tiesse
On n' sait pus quoè, nos n'ès p'lans pus.
On a beau s' disbautchî, beau braire,
On braireuve co ses ouïes tot foûs,
Tot ça ni nos avancereuve wère
On ess't èri di ses bias djoûs!

Rèfrain

Mon Diet, comme on sèreuve djoyeuse
S'on r'troveuve co por on momint,
Li saquoè qui m' rindeuve heureuse!
(Parlé) Vos savoz quoè don?.... Non?
Eh bin, dji n' vos l' dirai nin!
(Parlé) Non!
Dji n' vos l' dirai nin!

Surtout quand l' frèdeu nos cotchesse,
On s' ritrouve au culot do feu;
On sint qu'on n'a pus l' cœur à l' fiesse
Et qu' les atouts sont foûs d' noss' djeu!
One croèx sus les bellès annèes,
One croèx sus tos les amoureux!
Car nos amours sonss't èterrèes
Et nos galants div'nus croufieux!

Rèfrain, etc.

S'on pôreuve ricommincî s' vie
Et s'on saureuve tot ci qu'on sait,
Dji sais foirt bin qui mi, Gènie,
Dji n' rifreuve nin tot c' qui dj'a fait!
Ci qui dj' rigrette, woisrais-dje li dire?
A c't âge-ci c'est piède li raison!
Si dji vos l' dis, vos allez rire;
Ci qui dj' rigrette? Ah! c'est l' saison

Rèfrain

Ousqu'on esteuve todi djoèyeuse,
Ousqu'on rieuve à tos momints!
C'est l' djonnesse qui rindeuve heureuse,
(Parlé) V's savoz poquoè don?.... Non?
Sia, sia, vos l' savoz bin!
(Parlé) Non?
Oh! vos l' savoz bin!

Li Rainne et l' Toria

(FAUVE)

One rainne qui vèyeuve on toria,
Digeuve : « Maria, comme il est bia !
Adlez li, dji n' sos qu'one pirwitche,
Por mi, l' Seigneur a bin sti tchitche.
Por esse comme li, dj' vas m' formougnî,
Dji n' pôrais jamais qu'y gangnî ! »
Là-d'sus, n' v'là-t-i nin noss' toquée,
Qui mougne et s' formougne à quèquée !
Po l' nourri c'aureuve sti ruineux,
C'esteuve co pire qu'on vrai rauyeux !
Tot ès riant di qui l' discause,
Por lèye c'esteuve todi l' dicause,
Mais... elle infla tant s' crau boya,
Qu' sus saquans samoinnes... elle crèva !
. . . .
Li morale ?.. Elle ess't à rit'nu :
« N' faut nin petter pus haut qui s' cul ! »

Drî l'Hayette

(Air : *Du petit matelot*)

L'aute djoû n's allainnes nos deux Nanette,
Comme èvont tos les amoureux,
Nos rottainnes li long d'one hayette
Causant tot bas, li cœûr heureux.
Mais t'à n'awette on s'astaurdgeuve
On p'tit momint, po s' rabressî,
Et pa d'zeu nos li lune rieuve
Tot ès nos r'waitant caressi ! (bis).

On ètindeuve didins l' fouyadge
Les tchants djoèyeux des p'tits mouchons,
Et nos allainnes dizos l'ombradge
A deux, po choûter leus tchansons !
Tot bas, noss' cœur leu respondeuve,
Nos d'nant l'èvie d' nos rabressî
Et pa d'zeu nos li lune rieuve
Tot ès nos r'waitant caressî ! (bis).

Mais v'là Nanette qu'esteuve geainnée :
« Li lune, dist-elle, si moque di nos ! »
« Vinoz, li dis-dje, mi binainmée,
Vailà d'zos boès, vos ès riroz ! »
Ès sôrtant d' l'ombe Nanette brèyeuve
Po l' fer taire djè l'a rabressî,
Et pa d'zeu nos li lune rieuve,
Tot ès nos r'waitant caressî ! (bis).

L'a bin fallu qu'on nos marie
Et dji m' sovins bin qui c' djoû-là,
Quand n's estans sôrtis del mairie
A l' vôseure lûgeuve li solia.
« Waitiz, c'ti-là, m' dit co Nanette,
Sèreuve-t-i v'nu po rire ossi ? »
« D'vant tortos, li dis-dje, mi pouyette,
Astheure dji poux vos rabressî ! » (bis).

Quand on est grand'mére!

Quand on est lon des bias djoûs do djonne timps
Et qui l' vyesse dèdjà bouche à noss' poite,
Comme on royon di noss't heureux prètimps,
C'est co l'èfant qui dins l' cœur nos appoite

Li douce sov'nance, écho des prumis ans!
Qui fait paraiche li vyesse moinss amére!
Car on s' console avou ses p'tits èfants,
Quand on est grand'mére!

C'ess't adlez nos qu' les innocints veignent-nu
Po rapaugi li chagrin qui les poinne.
Si les années di djounesse raviquent-nu,
C'ess't ou p'tit andge qui d'lez nos les ramoinne!
Po v'nu sautler sus nos vix dgnos tronnants,
L's èfants quittent-nu les caresses di leu pére!
C'est qu'on est sotte avou ses p'tits èfants,
Quand on est grand'mére!

C'ess't à l' baguette qui nos faient-nu rotter,
Grand'mére d'lez zels ni saureuve fer di s' tiesse.
Nos f'rainnes bin tot po p'lu les continter,
D' les vôye sorire noss' vie âme ess't ès fiesse!
Quand v' les vèyoz bin gaies et bin poirtants,
Auriz bin l' cœur di vos mette ès colére?
On fait si bin l' volonté des èfants,
Quand on est grand'mére!

Si d'astchèyance i's ont st'on p'tit bôbô,
Grand'mére pied l' tiesse et sint tot s' coirps qui tronne!
Nos souffrichans co pus qu' zels di leu mau,
Ès les sognant gn'a noss' vix cœur qui sonne!
Dins leu p'tit lé, s'on les voèt, dgèmichants,
Clincie d'lez zels nos marmottans n' priére!
On a si peu di piède ses p'tits èfants,
Quand on est grand'mére!

Ès les waitant couru tot autou d' nos,
D'zos noss' coirsadge noss' pôve vix cœur dgigotte!
Quand i's djouent-nu, sautlant, tot fiant les sots,
Ossi bin qu' zels grand'mére rit comme one sotte!
A tos leus djeux sovint nos nos mêlans,
Maugré noss't âge et noss' vix caractére,
Et tot bonheur est d'lez ses p'tits èfants,
Quand on est grand'mére!

Car dji soss't amoureux!

(Air : *Si les hommes savaient)*

Ah, vraimint! quand dji sos d'lez vos,
Quand dji vos cause,
Dji vas comme on storné, dji sos
L' cœur à l' dicause.
Et quand dji voès didins l' noireu
Rilûre voss't ouye,
Dji sos contint, dji soss't heureux
Et dji fafouye!

Rèfrain

Car dji soss't amoureux,
Adlez vos gn'a m' cœur qui s'inflamme,
Si vos vôriz, po m' rinde heureux,
I n' mi faureuve qu'on p'tit mot lanwoureux
Po m' rimette li solia dins l'âme!
C'est l' vrai, dji vos voès si volti,
Qui c'ess't à n'y woisu sondgi!
Comme dji sèreuve heureux,
Si vos vôriz paurtadgi m' flamme!

Avou vos dji sèreuve si doux,
V's estoz si bonne!
Jamais vos n' mi voèriz djaloux
Di vos, mignonne.
Dji sèreuve si dginti, si bon,
Mi binaimmée,
Et vos sèriz m' bia p'tit crèton,
Mi p'tite crolée!

Rèfrain.

Allons, vèyans, digeoz qu'ohi.
Adlez vos, m' belle,
Allez m' lèyi todis dgèmi
M' pôve ritournelle?
Ci qui dj' dimande, vos l' savoz bin,
C'est wère di chose,
On p'tit clin d'ouye, on air câlin
Et c'est tot, Rose!

Rèfrain.

Li Curé et l' Soûlée

Batisse ainme bin d' boire one grande gotte.
L'aute djoû, qu'il esteuve ès ribotte,
Noss't homme rescontèrre li curé,
Qui l' riwaiteuve tot èwaré.
Li curé vint d'lez noss' soûlée,
Qui zizonzeuve avau l' pavèe,
Et dit, d'on air di compassion :
« Vos avoz là n' bin laide passion! »
« Què v'loz! respond sus l' côp Batisse,
Vos n' vôriz nin qui dj' m'enn' attrisse?
Tot l' monde a s' passion dins c' monde-ci!
Dieu n'a-t-i nin ieu l' senne ossi? »

Sus l' martchi des djottes

(Tauvia d' rcuwe)

Mar-Djôsèphe, sins trop fer chonnance,
Adlez ses djottes et ses porias,
Waite one belle madame qui s'avance
Et qu' vint ramchi dins les banstias.

Don Mar-Djôsèphe, choyant ses banses,
Prind pa les cheûves saquants navias
Et dit : — « Purdoz-les po cinq censes,
Vos n'ès sauriz trover d' pus bias! »

— « Cinq censes! dit l' dame, oh! c'est po rire!
Dji vos ès donne troès censes, au pire,
I's sont d'jà tot disfligottés!

Eh bin, ni v'loz nin vos disdire? »
— « Allez, madame, vos l'iriz dire,
N' faut-i nin co vos les poirter? »

Li Perroquet

(MONOLOGUE)

On djoû, li gros Thoumas, l' sinci,
S' rindéuve adlez monsieu l' notaire.
I sonneuve d'on air sins souci,
Comme onque qui flaire one bonne affaire.
L' mesquenne tot ès li d'geant d'intrer,
L' prévint : « Vos faurait bin rattinde,
Monsieu, sus l' momint va rintrer,
Moussiz dins l' cabinet d'attinte! »
Noss't homme qu'est cor assez couyon,
Toctée à l'huche d'on air bonasse.
« Intrez! ». Vèyant qu'on li respond,
V'là l'aute qu'interre dins l' pitite place.

Et là, saisi di s' vôye tot seu,
Auton d' li, l'homme tape on côp d'ouye,
On gros mouchon, d'on air moqueu
L' riwaiteuve ès fiant des grands ouyes!

Thoumas, comme on couyet modu,
D'mèreuve stampé, l'air bin cocasse,
Quand l' mouchon dit, l'air ètindu :
« Achitoz-vos et s'purdoz place ! »

Sus l' côp, Thoumas quitte si tchapia,
Divant l' perroquet qui berdelle
Et, v'lant li causer di s' pus bia,
Li fait s' rèvèrince li pus belle !
— Monsieu, dji n' sos qu'on côrnichon,
Dji dirais d' pus, dji n' sos qu'one biesse !
Mais dj' vos purdeuve por on mouchon
Ès vos vèyant comme ça, sus piesse !

Sus l' côp d' doze heures

(Tauvia d' reuwe)

Doze heures !.. on voèt pa t'avau l' reuwe,
Les ovrères vinant d' disteller.
Elles ont disfait li d'vantrin bleuwe
Ès rattindant do ratteller.

Li douce gaitè leu z'est riv'neuwe,
On galant vint d' les appèler
Po sûre èchonne li vôye conneuwe,
Sins trop s' presser po z'èraller.

Mais v'là d'jà l' quart vailà qui sonne
Et c'ess't à poinne s'on ess't èchonne,
V'là qu' c'est d'jà tot por audjourdu !

Peu di s' fer brûti pa l' patronne,
I faut qu'on rècourt ès l' maugeonne,
Rattraper l' timps qu'on a pierdu !

Les r'grets da Babette

Dji m' sovins bin qu' quand dj'estais djonne
Les galants courainnent après mi;
Quand dj'y sondge gn'a tot m' coirps qui tronne,
C'estait todi rire et plaigi!
Astheure bonsoèr po l'amourette,
Les années ont distindu l' feu!

CHŒUR (dins les coulisses)

Bèvoz ratte on goirdgeon, Babette, } bis.
V' lèyoz rafrèdi voss' cafeu!

Combin dj'esteuve frisse et rosselante,
On ruban loyi dins les tch'fias!
L' purnelle animée et r'lûgeante,
Dji tchoègicheuve dins les pus bias.
Si tot ça m' ragayi co n' miette,
Dji n' sos pus d' foice à sûre li djeu!

CHŒUR

Bèvoz ratte on goirdgeon, Babette, } bis.
V' lèyoz rafrèdi voss' cafeu!

Ossi ratte qui c'esteuve li fiesse,
Dj'enn' alleuve sus m' grand tralala
Et por esse li rainne del djonnesse,
Dji sôrteuve tos mes falbalas.
Mais voci l' fin del tchansonnette,
Au lon dj'ètinds sonner l' couve-feu!

CHŒUR

Bèvoz ratte on goirdgeon, Babette, } bis.
V' lèyoz rafrèdi voss' cafeu!

Les hommes do timps di vos grands'péres
Estainnent pus galants qu'audjourdu.
Dji m'ès rappoite à vos grands-mères,
Gn'a pus d'one qui pout s'ès sovenu !
Vos autes v' n'estoz co qu'à l' creugette,
Dispeu longtimps dj'a vèyu l' leup !

CHŒUR

Po co boire on goirdgeon, Babette, } bis.
Faureuve restchauffer voss' cafeu ! }

Sus l' vôye d'Ixelles

BATISSE

— Tins qui volà ! Bondjoû Tonette,
Eh bin, où c' qu'on èva comme ça ?
Vos avoz fait voss' grande toèlette,
V's estoz mige en grand tralala !
Bin sûr vos n'n'alloz ès soèrée,
Gn'aureuve-t-i bal èmon li roè ?
Mi qui n' sais quoè fer delle viesprée,
Po passer l' timps, dj'ireuve fin droèt.
Mais comme vos v'là tote èfouffèe,
On voèt qui vos n' fioz pupon d' bin !

TONETTE

Po ça c'est l' vrai, dj' sos foirt pressée
Et z'esse taurdeuwe, dji n' vôreuve nin.

BATISSE

Avou ça, dji n' sais nin co, m' belle,
Où c' qui vos ès n'n'alliz par là ?
Bin sûr, c'est l'amour qui v's appelle !

TONETTE

Oh non, Batisse, ci n'est nin ça,
Dji n' mi fais nin priyî po l' dire,
I gn'a pon di s'cret d'zos l' laurmî,
Bin do contraire, i faut l' ridire,
Tos les wallons d'vrainnent li criyî :

« Il ess't on coin del Wallonie
Pierdu vaici, mon les Flaminds,
Où, po s' rappèler leu patrie,
Bin des wallons vont d' timps in timps.
Vailà, tot n' fiant qu'one grande famille,
Ès fréres i's s' rachonnent-nu tortos,
Vinant di tos les coins del ville
Etinde tchanter « Nameur po tot »!

» C'est là qu'on tchante des tchansonnettes
Ès vîx patoès di noss' pays,
Des fauves, des pasquées d'amourettes,
Qui rindent-nu les cœurs ragayis.
On y djoue ossi l' comèdie
Didins noss' vîx lingadge à nos,
On s' croèreuve ès pleine Wallonie,
Quand on ess't à « Nameur po tot »!

» Sins imbarras, sins grandes maniéres,
On ess't à l'auge ès arrivant,
Les p'tites wallonnes n'y sont nin fiéres,
Riant d' bon cœur ès s'amusant.
Vos qu'est wallon, vinoz les vôye,
Adlez zelles, i gn'a place por vos
Et pus d'on côp vos f'roz co l' vôye
Po z'applaudi « Nameur po tot »!

BATISSE

Ah, sins minti, dj' vos l' dis, Tonette,
V's avoz manqué voss' vocation.
Quén avocat vos f'riz, pouyette,
Bin vo n' dèlà d' l'animation!
Wais, quéne rodgeu sus vos massales,
Dji poux bin vos l' dire ètur nos,
Vos purdoz feu pè qu' les brocales,
Quand vos causez d' « Nameur po tot »!

Avou plaigi, dji m' rinds, fèfèye,
Dji voux vôye si vos digeoz l' vrai,
C'est rare, one occasion parèye,
Iesse adlez vos! sûr qui dj'irai.
Vos estoz n' douce fleur del patrie,
On pout vos aïnmer sins pètchi,
Car c'est cor aïnmer l' Wallonie,
Tonette, quand on vos voèt volti!

Si vos v'loz nos mette ès moinnadge,
Por vos, dji s'rais todi dginti,
Vos auroz l' bonheur ès mariadge,
Noss' maugeonne s'reuve on paradis.
Et nos boutrans sus l' tchiminée,
Et ça, po qu'on l' vòye bin tortos,
One grande pancârte bin ècadrée :
« Heureux, grâce à « Nameur po tot »!

TONETTE

Batisse, mi fils, v's allez trop vite,
Dji n' voux nin dire qui dji n' voux nin,
Nos ès r'causerans, dji vos invite,
Dispètchans-nos, courans rattemint!
Et si l'affaire ess't èmantchie,
Bin, nos les invitrans tortos!
A noss' mariadge i faut qu'on rie,
Nos f'rans tchanter « Nameur po tot »!

L'èterremint

Suivi d'on homme et d'on gamin,
On èterremint passe dissus l' vôye.
Bin disseûlés dissus li tch'min,
I's faient-nu vraimint poinne à vôye.

I's sûvent-nu bin anoyeusemint
Li coirps del pauve mére qu'ess't èvôye;
Rottant padri tot pitieusemint,
I gn'a qu' zels po li dire à r'vôye.

I bruwine et l' timps qu'est grigneux
Richonne à l'âme des malheureux
Qui d'meurent-nu là tot seus sus l' terre.

Mais voci l'aite... Ès s' ractinant,
Li pére sotint co l' pauve èfant
Qui brait... sus s' bonheur qu'on èterre !

Li prumère Rose

Aux prumis djoûs do bon timps,
Li prumère rose s'est douviette,
A l' rosée elle fait s' toèlette
Po fiester s' prumî matin.

Rècrestée elle est coquette,
Gn'a co qu' lèye avau l' djardin;
Mais volà qu'on p'tit gamin
Passe et vint coude li pauvrette.

Adon l'èfant, tot djoèyeux,
Sins r'marquer l'air anoyeux
Del pauve fleur pâle et flanie,

A s' bott'nire boute tot contint
Li rose qui mourt à s' prètimps !
N'est-ce nin là l'imaudge del vie ?

Pauve vîx patoès

A mon ami, le poète Liégeois, D. D. Salme.

Pauve vîx patoès, comme on t' rinôye
Et comme on t' riboute sus l' costé.
Ès vèyant ça m' cœur qui s'anôye,
Toûne et ratoûne tot disgosté!
Toè, qu'as portant tant des annèes,
Des djonnias volent-nu t' taper djus,
Et totes leus foices sont rachonnèes,
Po qu'on t' rovie et n' ti cause pus.

Por nos portant, t'aveuves des chârmes,
Sainte hèritance di nos parints,
Qu'a connu nos rires et nos lârmes,
Prumîs sorires, prumîs chagrins.
On woisse dire qui faut qu'on t' rovie,
Quand dispeu todîs nos t' causans;
Toè qui ramoinne avau noss' vie
Totes les sov'nances des prumîs ans!

Ès y sondgeant gu'a m' cœur qui sonne,
Car i s' dispiette et s' sovint co
Di l'heureux timps où dj'esteuve djonne,
Où, bardouyant mes prumis mots,
Dji sautleuve sus les dgnos di m' mére,
Heureux di m' sinte ètur ses brès,
Tot fafouyant l' wallon di m' père,
Ès fiant petter n' grosse bauge après.

Moman doucemint clinçait s' tchèyère,
Fiant des tics tacs po m'èdoirmu
Tot ès mûsant d'on vix trovère
One vie tchanson po m' fer doirmu.
Oh vos, tchanteux di noss' patrie,
Dont les doux tchants nos ont bercés,
Audjourdu tot l' monde vos rovie,
On n' vout pus rin des timps passès!

Astheure on ess't à l' novelle môde,
On cobèsacie li français,
On n'ètind pus dire : « one commôde »,
Gn'a pus personne qui sait c' qui c'est.
Quand l' wallon s' cause on fait des dgesses :
« Mon Dieu toujours, comme c'est mal dit ! »
Mais vinant d' France, les tchansons biesses,
On les trouve belles, on l's applaudit !

Totes les sovenances di noss' djonnesse,
Totes les gloères di nos aus passés,
Tos les espoèrs di noss' vyesse,
Ès noss' wallon sonss't ètassés.
Saquants blancs bètches, fiant del scïeince,
Veignent-nu nos dire : « Vîgeries tot ça ! »
I's polent-nu rintrer leu loquince,
Noss' vix lingadge est co bon là !

S'on n' l'accompte nin didins l' noblesse,
Où c' qu'est nôbe est foirt mau poirté !
Au cœur do peûpe i r'prind djonnesse,
Li tchante : « Espoèr et liberté ! »
D'lez les èfants del Wallonie,
Gn'a co place pô noss' vîx patoès
Et noss' muse qu'est tote radjonnie
Po co l' fiester, prind s' pus belle voèx !

Quand grand'messe sonne

(Tauvia d' reuwe)

Li cloque sonne. On pout dèdjà vôye,
D' tos costés, les dgins qu'accourent-nu.
Gn'a todi des taurdus sus l' vôye,
On les voèt d'au lon qui courent-nu.

« Gn'a lougtimps qu' Marie ess't èvôye »,
Crte Téche aux commères qui passent-nu,
« V's estoz taurdeuwes, abie, à r'vôye! »
Et les commères si dispètchent-nu.

« Bah! nos n' polans mau tant qu'on sonne »,
Dit Djenne, « nos interrans èchonne! »
« Tot l' maiume, » dit Bette, « rottans toli. »

« Sûr », dit Gaguitte, « faut qu'on s' dispètche,
S'on vout iesse là divant qu'on n' prétche
Et qui l'èvangile ni seuïe dit. »

Li r'mîge à hiûtaine

(MONOLOGUE)

On avocat tot dairennemint
Achetée one maugeone au villadge.
Mais gn'aveuve pon d' numèro cint!
Ossi, volant fer fer l'ovradge,
Noss't homme èvôye qwère on ovri
Po v'nu ratte arrindgi l'affaire;
L'ovri prind mèseure sins taurdgi.
— « Fuchoz sûr qui ça n' trainnerait wère, »
Dis-t-i, « mais faurait m' dire seulemint,
Si vos v'loz l' bouter dins l' maugeone
Où l' lèyi dins l' coû tot bonnemint?
Por mi, djè l' f'rai comme i vos chonne! »

L'avocat d'meure one miette saisi
Et dit : — « Ça vaut l' poinne qu'on zy pinse,
Faurait m' lèyi l' timps d' rèflèchi,
Riv'noz pus taurd, n' pudrans patieince! »

L' samoinne d'après, volant sawet,
L'ovri vint po vôye qué novelle?
L'avocat dit : — « Dji n' sais trop quoè! »
L'ovri respond : — « Vo n' dèlà n' belle!
Si nos l' boutainnes là, d'lez l' djardin?
Sûr qui vos ès sèriz bunauge,
Ça vaut bin mia qu' dins l' bâtimint,
Don, c'est tot près, v's auriz voss't auge! »
— « Bin », dit l'avocat, « fioz-l' ainsi;
Mais fioz rattemint, car li timps presse. »
— « C'est l' vrai, « dit l'aute », dji sondge vaici
Qui v' n'avoz rin qui vos ayesse;
Astheure gn'a pus qu'à vos d'mander
Dins qué boès faurait fer l'andelle,
Acajou, tchainne, sins v' commander,
Li principal c'est dè l' fer belle? »

L'avocat d'meure one miette saisi
Et dit : — « Ça vaut l' poinne qu'on zy pinse,
Faurait m' lèyî l' timps d' rèflèchi,
Riv'noz pus taurd, n' pudrans patieince! »

L' samoinne d'après, volant sawet,
L'ovrî vint po vôye qué novelle?
L'avocat dit : — « Dji n' sais trop quoè! »
L'ovrî respond : — « Vo n' dèlà n' belle!
Gn'a nin dandgî d' tant balziner,
Chonne-t-i qu' c'ess't one affaire di guerre,
Li tchainne a tot po v' continter,
Do boès parèye i gn'enn' a wère! »
— « Bin », dit l'avocat, « fioz-l' ainsi;
Mais fioz rattemint, c' côp-ci ça presse! »
— « Dji voux bin croère qui strind vaici,
Si dispeu quinze djoûs ça v' cotchesse, »
Dit l'ovrî; « mais po n' rin fer d' mau,
Astheure i faut co qui dj' vos d'mande,
Si c' sèreuve assez d'on seul trau,
Ou deux, po mette sus..... voss' commande. »

L'avocat d'meure one miette saisi
Et dit : — « Ça vaut l' poinne qu'on zy piuse,
Faurait m' lèyî l' timps d' rèflèchi ;
Riv'noz pus taurd. »
A bout d' patieince :
— « Non ! dji n' mettrai, » cria l'ovrî,
« Dissus voss' meube qu'one seule lunette,
Car hiût djoûs d' pus vos v' ractairiz,
Sins sawet sus qué trau vos mette ! »

Les troès p'tits èfants

(Conte di Noïé)

I gn'aveuve troès p'tits èfants,
Qu'enn' allainnent avau les tchamps
Dissus l' vôye.
Frères et soû, tot anoyeux,
I's fiainnent vraimint, tot pitieux,
Poinne à vôye.

C'esteuve li nait do Noïé,
Bin foirt il aveuve nîvè
Sus l' campagne.
Li pus p'tit, tot bleuwe di frèd,
Ès dgèmichant si r'serrait
D'lez s' compagne.

Vèyant ça, l' pus grand leu dit :
— « Ratte, asglignans-nos vaici,
Fians n' prière.
Li bon Diet, digeuve maman,
Di là-haut wèye sus l'èfant
Qu'est sins mère. »

Quand les èfants s'asglignent-nu,
D'lez zels vint l'éfant Jèsus
Qui leu cause
Et qui, vèyant leu chagrin,
Dimande aux troès innocints
C' qu'enn' est cause?

L' pus vîx dit : « — Dispeu l'esté,
Noss' bonne mére nos a quitté,
L'ess't èvôye!
Au villadge on nos a dit
Qu'elle esteuve au Paradis,
Nos v'lans l' vôye.

Et c'est po ça qu' nos allans,
Qu'avau les vôyes nos prians
Dins noss' poinne.
Po qui l' bon Diet l' laie riv'nu,
Qu'on andge ou li p'tit Jèsus
Nos l' ramoinne. »

Jésus dit : « — D'au firmamint,
Wèyant sus ses ôrphèlins,
Elle vos r'waite! »
Pa l' mouain purdant les èfants,
V'là qui les èmoinne tronnants
Ès l' vie aite.

Là, li p'tit Jèsus pria,
Adon do ciel si drouvia
Li grande poite
Et dissus l' terre, dischindant,
Riv'na d'lez ses p'tits èfants,
Li pauve moite.

— « Èfants, dit li p'tit Jèsus,
Qui l' bonheur vos seuïe rindu,
V'là voss' mère!
Li bon Diet, di s' paradis,
Des orphèlins choute todis
Li priére. »

Prumî d' l'an!

Voci co l' novelle année,
Pinsez qui ça m' fait plaigi?
Dji n' sais poquoè qu'on fiestée,
Quand on ess't on an pus vix!

Voci co l' novelle année
Et c' djoû-là, por on momint,
Totes les comméres sont mainmées
Et les hommes sont des p'tits saints.

Voci co l' novelle année
Où tot l' monde si voèt volti,
Et si ratte qu'elle est passée,
A poinne s' ou vout co s' waiti.

Voci co l' novelle année,
Les rovisses si soveignent-nu
Et dissus l' fin del djournée
C'est mirauque s'i's y sondgent-nu.

Voci co l' novelle année,
C'est todi l' mainme po candgi :
Quand c'telle-ci s'raiss't èterrée,
Nos faurait co r'commincî.

Dji v' souhaite one bonne année,
Purdoz do plaigï tot plein,
Nos sognerans noss' cabolée
Po qui tot l' monde seuïe contint!

Tot l' long d' l'aiwe

L'aute fie dj'enn' alleuve li long d' Sambe,
Quand dj' voès d' l'aute costé, sus li tch'min,
On homme qui poirteuve on p'tit tchin
Qu'aveuve one pìre loyie à l' djambe.

Et volà qu' l'homme au mainme momint
Tape li biesse... et n'n'èrva viès s' tchambé.
Elle afonce... rivint... djoue des djambes
Et r'gangne li boird sus on rin d' timps.

Li pîre, dandjureux mau metteuwe,
Tot au fond d' l'aiwe estait tchèyeuwe...
Li tchin court à s' maisse po l' lètchi !

Mais li, d'el vôye, si boute ès radge
Et, l'apougnant, comme on sauvadge,
I l' tint d'zos l'aiwe po bin l' nèyi !

A Bruxelles

(Air : *La Gamelle.*)

On fait tos les djoûs des candgemints,
Ça po plaire à saquants Flaminds,
A Bruxelles.
Les flamingants, po s' moquer d' nos,
Font mette li Moedertael dins tot,
A Bruxelles.

Dins les reuwes on n' s'y r'connait pus :
Les dgins n'n'èvont comme des pierdus,
A Bruxelles.
Les flamingants, zels-mainmes, diss't-on,
Ni compudent-nu nin leu djargon,
A Bruxelles.

On a traduit l' nom des stations,
Mainmes les cennes des pays wallons,
A Bruxelles.
Soègnies ess't appèlé Zinnick
Et Messancy s'appelle Metzig,
A Bruxelles.
Bastogne si dit : Bastenaeken,
Djodogne divint : Geldenaeken,
A Bruxelles.
I's ont traduit jusqu'à Crupet,
Cul-des-Sarts, Brumagne et Mozet,
A Bruxelles.

I nos faurait fer candgî ça,
Il est grand timps d' mette li hola,
A Bruxelles.
Pusqui volent-nu l'ègalité,
Nos l' dimand'rans di noss' costé,
A Bruxelles.
Ès noss vix patoès nos causerans,
Comme zels, à l' tchambe des r'présintants,
A Bruxelles.
Et po fer pice à leu djargon,
Nos f'rans mette les reuwes en wallon,
A Bruxelles.

Nos aurans l' reuwe des Vix Waris,
Reuwe del Mannôye et des Botchis,
A Bruxelles.
Li reuwe des Chalès, des Tanneux,
Li Noûve Reuwe et l'reuwe des Tchanteux,
A Bruxelles.

Les reuwes di Nameur et del Croèx,
Jusqu'à l' grand Martchi qui s' voèrait
A Bruxelles.
Les reuwes St-Djean et d' l'Hosputau,
Mann'ken pis s'rait li ptit pichau,
A Bruxelles.

Pusqui l' mode ess't à révision,
S'on profiteuve di l'occasion,
A Bruxelles.
Po mette à rin les flamingants,
Qu'au fond brâmint trouvent-nu sçôlants,
A Bruxelles.
On voèreuve, comme au bon vix timps,
Les Wallons avou les Flaminds,
A Bruxelles.
Et nos sèrainnes co, mes amis,
Tortos des frères ès noss' pays!
A Bruxelles.

Mi p'tite Marie!

L'avoz vèyu passer?
Comme elle esteuve dgintie!
Elle esteuve à croquer,
Tote ross'lante et djolie.
Tot l' monde, ès l' riwaitant,
Po l' rivôye, si r'tourneuve,
Et mi, tot ès l' sûvant,
Ès mi mainme dji m' digeuve :

Rèfrain

Ah! comme on sèreuve bin,
Po passer si p'tite vie,
Comme on sèreuve contint
D'awet l' cœur di Marie! } bis.

Tos les pus bias garçons
Li fiainnent les pus bias dgesses.
Mais, riant d' leus façons
Et d' leus bellès promesses,
Elle alleuve si p'tit train,
Li cœur wide d'amourette,
Et todis sus mi tch'min
Dji rescontrais l' brunette !

Rèfrain.

Ça n' poleuve nin durer.
Rachonnant tot m' coradge,
Dj'a volu li conter
Fleurette ès doux lingadge.
Dj'a bin fait dò woisu
Li drouviet mi pôve âme,
Car elle a respondu
A l'amour qui m'inflamme !

Rèfrain

Astheuve i n' mi manque rin
Po passer mi p'tite vie,
Et dji sos bin contint,
Car dj'a l' cœur di Marie. } bis.

Sambre et Moûse

Avau les rotches qui d'lez l'aiwe si dressent-nu,
Combin sovint dins les djoûs d' noss't èfance,
Avans-n' djoué, sautlé, grippé, couru !
On a co bon d'ès rappèler l' sovenance.

Si dj'a dispeu, vèyu bin do pays,
A droète à gauche, del vie tot sûvant l' coûse,
Li pus bia d' tot, c'est di d' bon qui dj' vos l' dis,
C'est co noss' pays d' Sambre et Moûse !

Dissus leus boirds on voèt des prés floris,
Puis des grans boès, des tchestias, des montagnes,
Poirtant fièrement sus leu tiesse, des disbris
Qui volent-nu co dominer les campagnes.
Des viès rotches où l' relle èva grippant
Allez l' rampioûle qui dè l' vôye est djalouse.
Li cœur si brôye et s' rimoue ès vèyant
Noss' bia pays di Sambre et Moûse !

Ès Wallonie, c'est là qu'on ess't heureux,
L'air est si pur et l' nature est si belle !
Di nos vallées tot l' monde ess't amoureux,
Car on y vique d'one vie todi novelle.
On n'ètind là qui l' doux brût des sourdants
Sus les cayaux rôlant leus aiwes à l' douce.
Ah, comme one mère i's t'ainment-nu, tes èfants,
O noss' bia pays d' Sambre et Moûse !

Li Brabançonne di Nameur po tot

I s'a r'dressî d'on randon, noss' lingadge,
Gn'a si longtimps qu'il esteuve èsdoirmu ;
On ès causait comme d'on bon vix ramadge,
A mutant moirt et causu tot pierdu !
Mais noss' wallon, volant s' place ès lumière,
N's avans r'lèvé l' vîx drapia des Molons
Et nos avans disployî leu bannière,
Po bin mostrer qui gn'a co des Wallons !

Les prumîs timps, tot seûs del Wallonie,
Foû d' noss' province, au mutant des Flaminds,
N's avans tchanté, djoué li comèdie,
Vaici, vailà, po rachonner nos dgins.
Nos avans ieu nos misères et nos poinnes,
Les prumîs timps ont sti deurs à passer!
Asthenre nos v'là dins les bellès samoinnes
Et l' succès vint po nos ès r'compinser!

A Malibran, nos donnans nos soèrées,
On n'ètind là causer qui l' Namuroès.
Les dgins veign'-nu pa banstias, pa tcherrées
S' fer do bon song, tot choûtant noss' patoès!
Pón d'ambition, ni d' grandeû dins noss' salle,
On s' croèreuve cor au timps des vîx Molons!
On vint, di tos les coins dè l' capitale,
Rire et tchanter d'zos l' drapia des Wallons!

Dins noss' lingadge i faut qu'on tchante, on rie,
Di tos costés riflorit noss' patoès.
A Lidge et dins tot l' pays d' Wallonie,
On s'a r'dressî po fer valu s' bon droèt!
On n' sait nin mainme ci qu' l'av'nir pout promette,
Car, pus d'on côp, s' rappèlant d'one tchanson,
Nos ètindans, dji vos l' dis ès catchette,
Pus d'on Flamind qui vout causer wallon!

Nos v'nans d'lez vos ès camarades, ès fréres,
Rire et tchanter dins noss' bon vîx patoès!
Nos savans bin qu' ces tchansons-là sont chéres
Au fond do cœur di tos les Namuroès.
Didins nos tchants, nos rappèlans noss' gloère,
Nos vix auteurs et leus bellès tchansons
Et nos volans qui pus taurd ès l'histoère,
Li prumî rang, seuïe po tos les Wallons!

Po l'anniversaire del Marmite

(Air : *C'est l' cafeu, l' cafeu.*)

C'est l' vrai qui dins noss' Wallonie,
Noss' vix patoès n' si causeuve pus,
Pauve vix lingadge di noss' patrie,
On t' lèyeuve là comme on pièrdu.
Mais, ristampant t' bannière,
Nos t'avans radjonni,
Nos n'ès fians nin mystère,
Astheure t'es tot r'chandi.

Rèfrain.

Nos estans tortos contints,
Nos p'lans r'plèyî bagadge,
Vos t'là co bon po longtimps,
Lingadge di nos parints.

A l'aide di noss' pitite gazette,
Fiant l' cabolée po les Wallons,
Leus appurdant nos tchansonnettes,
Nos couyonnades et nos tchansons.
Pa t'avau nos provinces,
Nos t'avans rik'foirtė
Et, bunauges comme des princes,
Astheure nos p'lans tchanter.

Rèfrain.

Gn'enn' a bin qui t' volent-nu fer l' guerre,
Ès d'geant qu'i's n' ti compudent-nu nin,
Mais sus tot ça ni t' ritoûnes wère,
Vas ès djoèyeux, porsûs ti tch'min,
S'i's n' volent-nu nin comprinde,
Nos autes qui, nos, t'ainmans,
Nos les foircerans d'ètinde
Tos les Wallons tchantants.

Rèfrain.

Fièstans gaiemint l'anniversaire
Do rèwéye di noss' vìx pays;
V's avoz tortos voss' paurt di gloère
A v'nu r'clamer, mes chèrs amis.
N's avans por nos l' djonnesse
Et l'avenir divant nos,
Jusqu'à l'heure del vyesse,
Nos tchanterans co tortos.

Rèfrain.

Li soupe aux cayaux

(DIALECTE DE NAMUR)

Dédié à Madame E. Tito Zanardelli.

C'estait l'esté passé, do costé des boès d' Meux.
Causu sus l' côp d' doze heures, deux Namuroès tchesseux,
Et fârceux comme gn'a pon, tot ès rottant s' digeainnent
Qu'i's vôrainnent bin mougnì. Leus boyas gargouyainnent
Et deux glots Namuroès ni polent-nu s' continter,
Quand li fouaim les cotchesse, d'ètinde les andges tchanter;
— Pristi, d'geuve onque di'zels, dji sos tot sang et n'aiwe.
Dj'a c' qui faut po nos r'fer, mais nos faureuve di l'aiwe.
Vaici dj'a do Liebig, avou quéques agayons,
Nos pôrainnes à l' minute aponti do bouillon;
Mais nos faureuve trover avaur-ci quéque maugeonne!
— Tins, voci noss't affaire, respond l'aute. — Ès voèsse one?
Li dit l'prumî? — Vailà, do costé gauche do boès,
Dji voès comme one fumée qui nos annonce on toèt.
— Eh bin, riprind l' prumî, rottans, nos irans vôye.
Et là-d'sus nos tchesseux continuent-nu leu vôye.
One maugeonnette si mosse au mutant d'on clairia.
— Enfin nos v'là chappés, dient-nu-t-i's, faute di mia,
Nos faurait continter; l' principâl, c'est qu'on mougne.

Et po fer drouviet l'huche i's donnent-nu quéques côps d' pougne.
On èfant vint drouviet. I's d'mandent-nu po z'intrer
Et si gn'aveuve ès l' tchambe one saquoè po dîner ?
— Nos n'avans rin du tout, dit l'èfant, car mi pére
Ess't èvôye à l'ovradge et n' rinterre avou m' mére
Qu'au coutchî do solia ! — Vos avoz là do feu,
Vos nos f'roz bin tot d' mainme one bonne jatte di cafeu ?
— Do cafeu, jour di Dieu ! nos estans bin trop pauves,
V'là des moès et des moès qu' ça n' vint pus sus noss' tauve.
— N'avoz nin del viande, ou des ous cûs mollets ?
Ça nos r'boutreuve à piesse po couru bon-z-et roèd !
— Del viande, ah, monsieu ! v'là dèdjà des annèes
Qui nos n'ès mougnans pus, m' père a d' trop pauves djournées.
— Po fer l' soupe, dit l' tchesseu, n' n'avans nin dandgî d' tchau ;
Mettoz d' l'aiwe ès l'marmite, allez qwère quéques cayaux,
Don vos m' dôroz do sé, do poève, on cœûr di djotte,
On navia, des porias, sins rovî quéques carottes.
— Vos v'loz rire, dit l'èfant, ça n' sèrait nin foirt bon ;
Commint, avou des pîres, vos v'loz fer do bouillon ?
— Fioz todis c' qui dj' vos dis, vos voèroz qué novelle,
Dit l' tchesseu. Puis, sus l' timps qu' po zayessi l'andelle
L'èfant enn' alleuve qwère saquants pîres au djardin,
I met l' Liebig ès l'aiwé et n' fait chonnance di rin.
L'èfant rarrive et donne cayaux, lègumes à cûre,
Ès d'mandant, po s' moquer : — Ça s'rait-t-i bon sins bûre ?
Quand tot a bin stî cût, l'homme dimande à l'èfant
D'aponti les assiettes. Cit-ci tot ès riant
Met l' tauve à pont sus l' côp, ni v'lant nin leu displaire.
Li monsieu li dit co : — V's allez prinde one tchéyère
Et sins fer des façons, v' mette à tauve avou nos ;
Quand c'est fiesse au villadge, faut qui c' seuïe po tortos.
Après awet mougnî, li gamin qui sondgeuve,
Véyant qu'i's n' digeainnent rin, timidemint leu d'mandeuve :
— Monsieu, n's estans si pauves, nos n'avans jamais d' tchau,
Ça vos f'reuve-t-i n' saquoè di m' lèyî vos cayaux ?

Por on mariadge

Eh bin vrai, c'ess't one drôle di mode,
Ainsi vos v'loz m' foircî d' tchanter,
Et po n' nin fer pus mau qui l's autes,
I m' faut sayî d' vos continter.
Dj'a beau l' dire, personne ni m' vout croère,
Dji n' sos qu'on fayé baryton
Qui n'a rin do conservatoère,
Por mi tos les airs ont l' mainme ton.

C'est malheureux, bin qu'on z'ès rie,
Gn'a des momints qu'on est strindu,
Quand on fiestée ou qu'on s' marie,
D'esse là comme on couyet modu.
Dji n' saureuve causer do mariadge,
Car on vîx djoune homme adeuri
Ni sait rin des djôyes do moinnadge,
Ossi, dji n' sais dire qui coci :

Quand on pout, po l' bonheur di s' vie,
Trover n' compagne parèye à vos,
Li cèlibat c'ess't one folie,
On s' mariereuve volti tortos.
Li loyin n'est pus qu'one douce tchainne
Qu'on d'mande à poirter bin longtimps;
Heureux les cias qui l'amour moinne,
Tos leus djoûs sont des djoûs d' prétimps.

Aller à deux tot l' long del vôye,
Rotter onque à l'aute aspouyis,
Paurtadgeant tot, misère et djôye,
Oh, bonheur, do ciel avoyî!
A deux, n'awet qu'one seule pinsèe,
Todis s' complaire et s' continter,
Volà voss' vie!.. Dji m'escusée
Dî l'awet dit... dji n' sais tchanter!

Si l' pèquet n'estait nin là!

(Air : *Si Tiline n'était pas là*)

Les dgins qu'ont del patieïnce
C'est qu'i's ont des peccayons,
I's f'rainnent one aute marimince
S'i's n'avainnent nin leus millions.
On pout bïn dire qui sus l' terre
Tot l' bonheur est po ces t'là!
Quoè fer po rovi l' misère,
Si l' pèquet n'estait nin là? (bis).

On nos appelle co soulée,
Ça, pasqui nos bèvans bin.
C'est l' vrai qu'one pitite lampée,
Nos autes, ni nos èware nin.
Mais ça n' vout nin dire tcherrette,
On sait travayi po ça!
Commint nos mette ès goguette,
Si l' pèquet n'estait nin là? (bis).

Dins l' timps, quand dji courtiseuve,
Dji n' causais nin di m' marier,
Et quand mi feume m'ès causeuve,
Dji l'èvoyeuve promoinrner.
Mais on côp soul, qué mervèye!
Mi-mainme, dji n' volais pus qu' ça!
Mi feume sèreuve co djonne fèye
Si l' pèquet n'estait nin là? (bis).

Quand on va vôye one bauchelle,
Po n' nin parèche on couyon,
C'est co l' pèquet qu'on chuffelle,
Po z'ess' pus franc d'lez s' mayon.
Et quand on ess't ès mariadge
Et qu'one nûlée passe vaila!
Qu'est-ce qui r'mettreuve li moinnadge,
Si l' pèquet n'estait nin là? (bis).

Sovint quand on vout quì dj' tchante,
Po fer v'nu l'inspiration,
Et qu'elle ni senïe nin mèchante,
Dji soffelle on p'tit lampion.
Alors li muse si rèwèye,
C' n'est nin pus malaugi qu' ça !
Qu'est-c' qu'on mettreuve ès s' botèye,
Si l' pèquet n'estait nin là ? (bis).

Union et Charité

(Air : *Le rêve du bouquet)*

RÉCITATIF

Li moirt passe et sins s'astaurdgî
Elle èva todis, sûvant l' vôye
Tot l' long delquéne elle a coutchî
Bin des cias qu' nos ainmainnes à vôye.
Elle rotte et bouche au truviès d' tot
Sins s' ritourner dissus nos poinnes,
Ès nos lèyant vàici tortos
Braire sus les doûs qu'elle nos amoinne.
Elle fait des veuves, des ôrphèlins,
Qui d'meurent-nu là didins l' misére.
Au pus sovint sins feu ni pouain,
Tot souffrichant autou d' leu mére !
Là co bin qu'on trouve ès c' monde-ci
Des dgins po rapaugî l' souffrance,
Et c'est po ça qu' nos v'nans vaici,
Rinde aux malheureux : l'Espérance.

CHANT

C'est l' charité qui nos a dit :
« Wallons, vos estoz tortos fréres ! »
Et po rapaugî les misères,
C'est lèye qui nos a rèunis,

Car l'Unîon del Wallonie
S' fait d'zos l' drapia del Charité,
Et nos tchantans avou fierté
Li bia rèwèye di noss' patrie!

Refrain

Volci riv'nu (bis)
Li bia timps des vîès pasquées,
Des bellès tchansons, des chîgelèes,
Qui nos vîx grand-péres ont connu!
Volci riv'nu,
Ah!
Volci riv'nu!

Nos trovadours et nos tchanteux
Ont co des tchauts pa t'avau l' tiesse,
A noss' lingadge i's faient-nu fiesse
Po rinde hommadge à leus aïeux.
On s' rissovint di s' vîx lingadge
Et pa t'avau l' pays wallon,
Tot l' monde au cœur a des tchansons,
Et l' Wallonie ess't on boscadge!
Volci riv'nu, etc.

Comme au timps des quarante Molons,
Nos tchantans comme tchanteuve Wérotte!
Au nivia do progrès qui rotte,
Nos boutans tos nos tchants wallons.
On pinsait noss' vie gaité moite,
Longtimps l' muse wallonne a doirmu!
Mais nos estainnes là po l' sot'nu
Et vos p'loz vôye comme elle si poite!
Volci riv'nu, etc.

Brèyant l' moirt d'onque di nos tchanteux,
Audjourdu nos donnans noss' fiesse
Po r'mette one miette di djoye ès l' tiesse
A d' pauves ôrphèlins malheureux.
Nos rottans dizos l' mainme bannière,

Li mouain dins l' mouain, tos vrais Wallons,
Nos sèrans foirts pa l'Unïon,
Li Charité nos a faits fréres!

Volci riv'nu, etc.

Les pèchons d' Moûse!

On a tchanté bin des affaires
Qui valainnent à poinne on coplet,
On a tchanté totes sôrtes d'histoères;
Mais po qui l' bagadge seuïe complet,
Adlez vos, vaici faut qui dj' tchante
One saquoè trové sus mi tch'min,
C'esteuve au bia faubourg del Plante,
Ohi, c'esteuve èmon Pieltain.

Avoz d'jà sayî ses gravasses?
Gn'a vraimint qu' li po z'awet ça!
Tot fiant petter nos ramonasses,
Qué Balthasar n's avans fait là!
Bin sûr qu'après soper parèye,
S'on aveuve trové sus li tch'min
One wespïante et belle djonne fèye,
C' sèreuve sus l' conscieince à Pieltain.

On nos appoite one frïcassée
Di crostillants pitits pèchons,
L'assiette a sti rate ramassée,
C'esteuve des cobroyants govions!
Govions del Moûse, fleur di patrie!
Dji vos fiestée et justumint
Vaici, qui personne nè l' rovie,
I faut mougni ça mon Pieltain.

Alôrs n's avans, po nos r'connèche
Et zachèver noss' bon soper,
Pris des pèchons à l'escavèche,
Gn'a co qu' li po les appruster.
Vos diroz qu' bin longtimps dj'ès cause,
Quèqu'fie si l'èvie vos ès prind
Et qu' voss' vinte vôrait fer l' dicause,
Couroz bin ratte èmon Pieltain.

È vrai fils di Nameur li glotte,
Nos avans l' gosî bin foré;
Si sogni, c' n'est nin del gnognotte,
I gn'a rin d' tè qui d' bin viquer.
Timps qu'on z'y est faut qu'on s'ès donne.
Aux prumis bias djoûs do bon timps,
Nos irans co tortos èchonne,
Fer fiesse aux pèchons da Pieltain!

Causoz, Fèfèye

(Musique de Fernand Lhôneux)

Digeoz, Fèfèye, ni sintoz nin
Voss' cœur tocter d'zos voss' coirsadge?
Vos avoz l'âge oùsqui sommadge
Aux prumîs bias djoûs do prètimps;
Car tos les mwais djoûs sonss't èvôyes.
Féfèye, ripurdans nos tchansons,
Nos frans djaloux tos les mouchons
Qu'on ètind tchîpler sus les vôyes!

Rèfrain :

Causoz, Fèfèye, po vos choûter,
Clinci d'lez vos, dji tinds l'orèye,
I faut si wère po m' continter.
Causoz, Fèfèye! (bis)

Digeoz, Fèfèye, ni voloz nin
Choûter l'amour qui vos appelle?
Si voss' cœûr adlez li s' troubelle,
Nos l' rapaugerans tot doucettemint,
Car tos lès mwais djoûs sonss't èvôyes
Et nos sèrans si bin nos deux,
Qu' nos f'rans djaloux les amoureux
Qu' nos resconterrans sus les vôyes!

Digeoz, Fèfèye, ni savoz nin
Qui l'amour est tot dins noss' vie?
Fèfèye, i n' faut nin qu'on l' rovie,
Po bin s'ainmer, voci l' momint,
Car tos les mwais djoûs sonss't èvôyes
Et les cias d' bonheur sont riv'nus,
Waitans qu'i's n' seuïe-nuche nin pierdus
Tant qu' l'amour ess't avau les vôyes!

Aux Flamingants

A-t-on rovî qu'ès l'an dige-hût-cint-trinte,
Quand l'ètranger nos t'nait d'zos ses talons
Et qu' noss' pays s'a lèvé po s' disfinde,
Au prumi rang s' trovainnent tos les Wallons?
Nos estainnes fréres et tortos, pleins d' coradge,
Nos nos battainnes po sauver noss' pays!
C'est d'zos l' mitraïe qu'on a fait noss' mariadge,
Flaminds, Wallons, les Belges estainnent unis!

A voss't appel, po disfinde vos muraïes,
Nos estans v'nu d' tos les coins do pays
Et nos avâns sti di totes les bataïes;
A c' momint-là, nos estainnes « vos amis! »
Et vos vôriz qui c' passé-là s' rovie,
Quand adlez vos n's avans spaurdu noss' song!
Ah! quand nos péres morainnent po fer l' patrie,
Vos n' sondgiz nin à leu d'mander leu nom!

Pa d'zos les fouyes

Quand à l' viesprée, à deux nos enn' allans
Pa d'zos les fouyes,
Didins l' noireu dji poux vôye, tos r'lûgeants,
Vos bias p'tits ouyes!
Li vint soffelle dins les coches qui s' cheuyent-nu
Pa d'zeu noss' tiesse
Et sus noss' vôye totes les fleurs sorient-nu
A noss' djonnesse!

Les p'tits mouchons qui nos vôyent-nu nos deux
Passer sus l' vôye,
Por nos r'dient-nu leus bias tchants amoureux,
Contints d' nos vôye,
Des tchants bin doux pa l'amour avoyis
Po r'chandi l'âme,
Et nos passans, onque à l'aute aspouyis,
Li cœur ès flamme!

Poquoè faut-i qui l' djonnesse n'euïe qu'on timps?
Portant, djolie,
Li sôrt di l'homme divreuve iesse on prétimps
Tot l' long del vie!
Elle est si coûte et si ratte l'heure est là
Qui nos rappelle
Qu'il est grand timps qu'on èvôye avaur-là
Vôye qué novelle!

Ès rattindant, fèfèye, profitans-ès
Et, tote bunauge,
Abie, rattemint, aspouyoz-vos sus m' brès,
Li cœur à l'auge,
Et po n' nin vôye ci qui d'meure après nos,
Cloyans les ouyes.
Vinoz, djolie, à deux nos irans co
Pa d'zos les fouyes!

Sus l'haladge

Tot l' long del Sambe, dissus l'haladge,
Dizos l' solia qu' fondreuve do plomb,
A pas comptés mais bin d'aplomb,
Li batlî satche avou coradge.

Rasgottant l' souweur d'jus di s' front,
Li batlî s'arrête et sommadge,
Waitant d'vant li l' long do rivadge
Si l' pôrt d'attache est co foirt lon.

V'là l' cia do vierna qui li crie :
« Allez, cor one pitite pichie,
Nos sèrans bin ratte ès Grognon! »

Et là-d'sus noss't homme si ratelle,
Ritinquiant l' coide i va d' pus belle.
L'ovradge est deur, mais l' coradge bon!

On cortège

A m' camarade Grégoire

Gn'a saquants djoûs dj'ètinds sus l' reuwe,
Des tambours, li djoyeux battemint,
Et l' masse di d'gins, ratte accoureuwe,
Riwaiteuve tot annoyeusemint,
Passer les combattants d' l'an trinte,
Dimèrès chîge, drî leu drapia,
Et qui dèfilainnent comme one plainte,
Mostrant leu misère au solia!

Dji vins sus l'huche, vôye qui passeuve :
Ès les vèyant, m' cœur s'a brigî,
Et r'souant n' pauve lârme qui spitteuve,
Honteux d' les vôye ainsi rovîs,

Divant tortos, tot seu del reuwe,
Rindant gloère aux vîx rètassés,
Raustant m' tchapia, dj'a sti tiesse neuwe,
Tant qu' les vîx braves ont sti passés!

Li Révision

— Et qué novelles à l' Chambe, et l' révision, Batisse?
— Ah, taisses-tu, n' m'ès cause nin, ah, bon Diet! qué tchinisse!
Dji n'as jamais trové, dispeu qui dj' lis tot ça,
Des savants ossi biesses qui dins tot c' disdû-là!
Tins, Chanchet, t' connais bin mi feume, li grande Babette,
Di tot l' villadge, bin sûr qui c'est l' mèyeu tapette,
One dimée-heure au lon, sins seulemint s' ripoiser,
Elle discaus'reuve les dgins sins causu respirer.
Bin, quand dji li lîgeuve les discours aux annales,
Elle mi d'geuve : « Fuchoz sûr, Batisse, qui des macrales
Ont pichî sus leu lainwe et ça po l's afroyî,
I's n'aurainnent nin, sins ça, l' filé si disloyi! »
Ci qui gn'a d' sûr, Chanchet, c'est qui dji n' sos nin biesse,
Bin qui dj' n'euche nin comme zels l'histoère ancienne ès l' tiesse,
Dji n' sais comme on vôteuve au vîx timps des païens
Et dji m' f.... di c' qu'i's fiainnent, les Grecs et les Romains!
« Tot ça ni nos r'garde nin, po mia dire c'est del djotte,
M'a co dit l' grande Babette qu' n'est nin l' mutant d'one sotte,
Mais vos n'avoz, mes hommes, qui c' qui vos méritoz,
C'est todis po les mainmes, les monsieus, qu' vos vôtoz!
Commint v'loz qu' ces dgins-là qui n' viquent-nu nin d' voss' vie,
Connichent-nu vos dandgîs, voss't èspoèr, voss't èvie? »
I faut bin dire, Chanchet, qui Babette a raison,
C'ess't adlez leus parèîes qui tchantent-nu leu tchanson.
I's vont d'mander consèîe didins l' mainme èstouradge,
I gn'a rin di s'bârant s'i's trouvent-nu bia visadge!
Po connaiche leus idées, faut viquer mon les dgins,
C' vérité-là, Chanchet, sèrait vraie ès tot timps.

— Ah! commint pôreuve-t-on causer d' tot ça sins rire,
Dit Chanchet, est-ce di bon, qu'onque di zels a v'nu dire
C' qu'on fieuve aux élections do timps do vix bon Diet,
Quand gn'aveuve ni Sénat, ni Chambe po t'nu l' pot droèt?
— Li diâle sait, leus raisons, où c'est qu'i's les vont qwère,
I faut po les sot'nu qu'i's cafougnent-nuch' l'histoère!
En vèrité d' mon Dieu, dji n' sais comme ça toûnerait
Et gn'a qui l' diâle qui sait comme tot ça finirait.
Mais mi, do prumi d' l'an jusqu'à l'année èvôye,
Qui va di ville ès ville, ostant qu'on ès pout vôye,
Mi qui di tos costès choûte les dgins discuter,
Fer valu leus raisons, ètur zels disputer,
Dji dis qu' c'ess't on gros djeu qui d'vant nos ouyes on djoue
Et qui sins n'n'awet l'air tot noss' pays si r'moue,
Qui rin ni m' saisireuve si dizos noss' solia,
Li ledd'moin d'audjourdu vièreuve on timps novia.
Li peupe est malheureux, crie et vout qu'on l'ètinde,
Faut li donner c' qui d'mande, di peu qui n' veigne li prinde!

Les confidinces d'on Sauverdia (1)

Tchanson dédiée au dairin des Molons,
à m' camarade Jules Mandos

(Musique di Fernand Lhôneux)

L'aute djoû, dins l' fond do boscadge,
Dj'ètinds l' sauverdia tchipler,
Comme dji compurdais s' ramadge,
Avou li, dji m' vas causer :
 Djawe, djawe, djawe, djawe,
 Tchirippe et djadjawe!

(1) Moineau.

— Pitit mouchon, pôriz m' dire
Ci qu' vos pareils pinsent-nu d' ça?
Li quène destinée est l' pire :
D'iesse homme ou bin sauverdia?
Tchirippe } bis.
Djadjawe! }
Djawe, djawe, djawe, djawe,
Tchirippe ét djadjawe!

— Pusqui vos v'loz qui dj' vos die
Ci qu' les mouchons pinsent-nu d' vos,
C'est qu'i's n' candg'rainnent nin leu vie
Conte li mia d' vos autes tortos!
Djawe, djawe, djawe, djawe,
Tchirippe et djadjawe!
Nait et djoû l' mouchon tchîplée,
Libe comme l'air, dizos l' solia,
Sus l' timps qui l' pôve homme trîmlée!
Dj'ainme mia d'mèrer sauverdia!
Tchirippe } bis.
Djadjawe! }
Djawe, djawe, djawe, djawe,
Tchirippe et djadjawe!

D'lez nos autes, pou d' politique,
Sins souci nos p'lans viquer;
Libèrâl ou catholique
Ni vint nin nos critiquer!
Djawe, djawe, djawe, djawe,
Tchirippe et djadjawe!
A l' viesprée on s' met sus piesse
Po s'èdoirmu sins tracas,
Rin n' vint nos cobrouyî l' tiesse!
Dj'ainme mia d'mèrer sauverdia!
Tchirippe } bis.
Djadjawe! }
Djawe, djawe, djawe, djawe,
Tchirippe et djadjawe!

Et quand l'homme sondge au mariadge,
Faut qui prinde dgise au même nid,
Nos autes, noss' pitit moinnadge,
Chaque prètimps s' voèt radjonni.
Djawe, djawe, djawe, djawe,
Tchirippe et djadjawe !
Adlez nos, sins z'ess' fidèles
T'à n'awette on s'ainme au mia,
Don, gn'a pus qu'à cheure ses ailes,
Dj'ainme mia d'mèrer sauverdia !
Tchirippe } bis.
Djadjawe ! }
Djawe, djawe, djawe, djawe,
Tchirippe et djadjawe !

I gna pupon d' coquetterie,
Nos autes, adlez nos mayons,
Vos n' trouv'riz nin des faustries
Catchis d'zos leus agayons !
Djawe, djawe, djawe, djawe,
Tchirippe et djadjawe !
Pon d' coton dins leu coirsadge,
Faux-culs, faussès dints, faux tchfias !
C'est da zelles tot leu plumadge,
Dj'ainme mia d'mèrer sauverdia !
Tchirippe } bis.
Djadjawe ! }
Djawe, djawe, djawe, djawe,
Tchirippe et djadjawe !

Li matin quand on s' dispiette,
Wère di chôse est c' qui nos faut,
Nos allans po mèchner n' miette
Autoû d' saquants st... di tchfau.
Djawe, djawe, djawe, djawe,
Tchirippe et djadjawe !
Po zèlèver noss' famille,
I n' faut nin grands embarras,

Là-d'sus nos doirmans tranquilles,
Dj'ainme mia d'mèrer sauverdia !
Tchirippe } bis.
Djadjawe ! }
Djawe, djawe, djawe, djawe,
Tchirippe et djadjawe !

I gn'a rin qui nos cotchesse
D'sos li stoèli do bon Diet,
Tos nos djoûs sont des djoûs d' fiesse,
Nos n'avans ni poinnes, ni r'grets !
Djawe, djawe, djawe, djawe,
Tchirippe et djadjawe !
Nos trovans pa t'avau l' monde
Des plaigis todis novias
Et rin po nos fer confonde,
Dj'ainme mia d'mèrer sauverdia !
Tchirippe } bis.
Djadjawe ! }
Djawe, djawe, djawe, djawe,
Tchirippe et djadjawe !

I gn'a pon d' crainte qui dji n' candge,
Noss' sôrt est co pus heureux
Qu'au Paradis l' cia des andges !
Timps qu' vos autes, pôves malhèreux !
Djawe, djawe, djawe, djawe,
Tchirippe et djadjawe !
Couroz po gangni voss' vie
Ès fiant sovint pire qui mia !
Di voss' sôrt dj' n'a nol èvie,
Dj'ainme mia d'mèrer sauverdia !
Tchirippe } bis.
Djadjawe ! }
Djawe, djawe, djawe, djawe,
Tchirippe et djadjawe !

Nos n' trovans nin sus noss' vôye,
Des fauxfréres, des intrigants,
D'lez nos autes on n' saureuve vôye
One plaie comme les flamingants.
Djawe, djawe, djawe, djawe,
Tchirippe et djadjawe!
Ètinde leu djoli lingadge,
Vos fait n' tiesse comme on saya!
Dj'ainme cint côps mia noss' ramadge,
Dj'ainme mia d'mèrer sauverdia!
Tchirippe } bis.
Djadjawe! }
Djawe, djawe, djawe, djawe,
Tchirippe et djadjawe!

Li bonnet d' Madelainne

(Air : *Femmes voulez-vous éprouver* ou *Li p'tit Sauverdia*)

Madelainne aveuve on noû bonnet
Tot garni di finès dintelles,
Sus si p'tite tiesse, planté bin droèt,
I l' rindeuve co cint côps pus belle.
Colas l' monnî, dissus li tch'min,
L' resconte et dgintimint l'arainne
Tot ès li d'geant d'on air calin :
— Qué bia bonnet v's avoz, Madelainne!

I's allainnent ainsi tos les deux
Dins li p'tit tch'min padrî l'urée.
Colas li d'geuve tot amoureux,
Qu'elle esteuve djolie et chaurnée.
Madelainne rottait tot ès l' choûtant,
L' cœur toctant d'sos s' coirsadge di lainne.
C'estait l'amour qu'alleuve rôdant
Autoû do bonnet da Madelainne!

I's passainnent li long des Onlnias,
Des bouchons boirdainnent tote li vôye.
« — Dizos l' fouyadge nos sèrans mia,
Dit Colas, v'loz, nos irans vôye? »
Li bauchelle sût sins s' mèfyî.
Colas qui doucettemint l'ètrainne.
D'sos boès, les spennes ont tot spyî
Li bia noû bonnet da Madelainne!

Dins l' ri qui passe au vîx molin,
Et qui coure là pad'sos les fouyes,
Madelainne qui vout qu'on nè l' vôye nin,
Tape si bonnet, les lâmes aux ouyes!
L'aiwe, ès l' poirtant, l'a codût là
Adlez l' molin, aux ailes di tchainne;
Es tournant, l' molin da Colas
Fiait tourner l' bonnet da Madelainne!

Li Coq d'aousse et l' Copiche

(FAUVE)

L' coq d'aousse qu'aveuve tchanté
Tot l'esté,
S' trova pauve et l' cul tot nu
Quand l'hivier a v'nu.

I n'n'alla criyî famenne
Adlez l' copiche si voèsenne,
Po li d'mander d' li pruster
N' miette di grains por li viquer.
Li copiche n'est nin di D'née,
C' n'est nin par là qu'elle est née.
— Què fiyiz po passer voss' timps,
Dist'elle, aux bias djoûs d' prètimps?
— Dj'alleuve avau les campagnes,
Les prés, les boès, les montagnes,
Passant des momints bin doux,
Tchantant causu nait et djoû!

— Vos tchantiz, respond l' copiche,
Dj' sos si bin ès radge qui dj' piche
Dins mes cottes, ès vos choûtant.
Pout-on iesse si fainèant!
Vos tchantiz, monsieu l' Minisse!
Et v' vôriz qui dj' m'enn' attrisse?
Allez, passoz voss' tchimin,
Dansoz, po roví voss' fouaim!

Li monde est plein d' dgins parèïes,
Foirts génèreux... d' leus consèïes,
Et si v' n'avoz dandgî d' rin,
I's vos r'çûront todis bin!
Et c'est po ça qu'ès l' djonnesse
I faut spaurgnî po l' viyesse;
Sus l's autes i n' faut nin compter,
Li fauve est là po l' mostrer!

Padrî les neugîs

Quand n's estainnes djonnes, enn' don, Nanette?
Au boès nos enn' allainnes volti
Po studi l'amour à l' creugette,
Padrî les neugîs.

Ah! comme ça chonneuve bon, pouyette,
Et comme nos avainnes do plaigi
Quand nos nos baugeainnes à picettes
Padrî les neugîs!

Vos estiz frisse et djolïette,
Nos nos aimmainmes, vos mè l' digîz!
Et dji vos l' ridigeuve, Nanette,
Padrî les neugîs.

V'là co vailà li p'tite glôriette
Où nos allainnes nos caressî,
Les fouyes ès sont co d'mèrées vettes,
Gn'a co des neugîs.

Mais l' timps n'est pus à l'amourette,
Fèfèye, astheure qui n's estans vîx,
Nos n'irainnes pus qu' po fer berwette
Padrî les neugîs.

Li djarretîre da Mayanne

Mayanne, ès riv'nant da l' fourée,
Estait clincie dissus li tch'min,
Elle esteuve là tote èwarée
Comme one saqui qu'a do chagrin.
Mais volà qu' Lucas qui passeuve
S'arrête et, d'on air tot s'barè,
Vint d'mander poquoè qu'elle brèyeuve ?
Mayanne respond d'on air geainnè :
— Dj'a pierdu
Turlututu,
Dj'a pierdu
Turlututu,
Ah, Lucas, wois'rais-dje li dire?
Sûr qui d' mi vos alloz rire,
Dj'a pierdu
Turlututu,
Dj'a pierdu
One djarretîre.

— Vos avoz toirt di v' fer del poène,
Li dit Lucas, nos l' ritrouverans.
Si faut, jusqu'à l' fin del samoène,
A nos deux vaici nos waiterans.

Les v'là tos les deux dissus l' vôye,
Fougnant pa t'avau les cayaux,
C'esteuve on vrai plaigi d' les vôye
Cachî vailà dins tos les traus.
— C'est pierdu,
Turlututu,
Bin pierdu
Turlututu,
Mayanne, dji doès bin vos l' dire,
Vos auriz co p'lu piède pire,
C'est pierdu,
Turlututu,
On n' trouve pus
Voss' djarretîre.

Es fougnant comme ça dins les pîres,
V'là leus mouains qui s' resconterrent-nu.
Es s' ridressant v'là co bin pire,
N' v'là-t-i nin leus leppes qui s' djondent-nu.
Mayanne, amoureusemint clincie,
Esteuve dins les brès da Lucas
Et s't âme esteuve tote ragrancie
Quand s' galant li digeuve bin bas :
— N' brèyoz pus
Turlututu,
C' qu'est pierdu,
Turlututu,
Mayanne vaici dj' doès vos l' dire,
M' vie ess't à vos tote ètire.
Audjourdu
Turlututu,
N' causans pus
D' voss' djarretire !

Li Clotchî

Voci l' pauve vîx clotchî, tèmoin d' mes djoûs d'èfance,
V'là des ans qu'autou d' li dj'a fait mes prumîs pas.
Au fond di m' cœur todis dj'enn' a waurdé l' sov'nance,
Et bin sovint d'au lon, djè l'appelleuve tot bas.
Et quand bin èri d' li, dji chouteuve à l' viesprée
Sonner douc'mint les cloques, po les fidèles priyî,
C'esteuve à c' momint-là qu' rèvoleuve mi pinsée
Adlez noss' vix clotchi.

Comme ses cloques ont sonné po mes prumérès djôyes,
Elles ont sonné pus taurd po mes prumîs chagrins.
Après bin des annèes, adlez li dji croès r'vôye
Li doux visadge ainmé di mes bons vîx parints.
Dji rapinse, en l' vèyant, mes bias sondges di djonnesse,
Totes les bellès chimères qui l' timps a v'nu spiyî,
Et dji sos co bunauge di v'nu r'chandi m' viyesse,
Adlez noss' vîx clotchî.

Comme tot l' monde dj'a connu, tot sûvant l' cours del vie,
Saquants momints d' bonheur et des djoûs malhureux,
Mais adlez li vaici, mes poinnes dji les rovie
Et del' rivôye ainsi dj'a co l' cœur tot djoyeux.
Didins mes viès woinnes i coure comme one douce flamme,
Si m' faureuve co l' quitter, dji n'y woisse nin sondgi!
Dji sos rív'nu vaici pa c' qui dji voux rinde l'âme
A l'ombe di m' vîx clotchî.

Li Rotche aux Tchauwes (1)

(*Lédginde des boirds del Moûse.* XIIe siéque)

D'astchèïance dj'a r'trovè didins m' bibliothéque,
One pasquée, ou vîx conte qui vint do dozainme siéque.
C'ess't one lédginde, one fauve, one histoère do pays
Et djenn' a raclapè vaici tos les disbris !
C'esteuve alors li timps des bardes et des trovéres,
Ces cheminaux tchanteux, heureux dins leus miséres,
Allant, tchantant l'amour di villadge ès hamias,
Promoinrner leus tchansons di tchestias ès tchestîas.
C' n'esteuve nin tos savants, des dgins académiques
Bin à tchfau sus les régues et les mathèmatiques.
Es sûvant leu z'idée i's allainnent ès tchantant
Vaici, vailà, sus tot, po rin ni s' riboutant :
Pastourâle et complainte, vie ballade et berceuses,
Les Noés do pays, les tchansons amoureuses,
Les glorïeux tournoès, les vertus des seigneurs,
Li djôye et les tourmints faits po spiyî les cœurs !

I's n' trovaiunent nin todis li rinommée et l' gloère
Et dji m' vass't assayî di vos conter l'histoère
D'onque di zels bin counu, Giraud, li bia rimeu,
Pa ses bellès tchansons dèdjà causu fameux !
I riv'neuve di Nameur. Sûvant les boirds del Moûse,
I rotteuve tot djoèyeux, soriant, caurs ès s' boûse
Et tot tchantant sus l' vôye, i 'n'alleuve viès Dinant.
Li solia d'neuve au fleuve on air gaie et charmant,
L'aiwe qui douc'mint coureuve nawe et causu doirmante,
V'neuve lètchî sus ses boirds li p'tite fleur tote tronnante.
Dins les aubes les mouchons si betch'tainnent amoureux
Tot ça tchanteuve au cœur di noss' poète heureux.

---

(1) La roche aux Corneilles (Rouillon-Annevoie).

Mais on ètind d'zos boès on brût d' fouyes rimouées
Et Giraud n'ètiud riu! Il ess't à ses pinsées.
Et quand one pitite mouain sus si spale s'aspouya,
C'ess't alors qui Giraud d'on randon si r'tourna.
A costé d' li s' tineuve, astampée et charmante,
One vièrge, one belle èfant, grâcïeuse et riante.
On doux et bia visadge, vaporeuse vision,
One biaté sins parèïe, on andge. Illusion!
Comme on bel andge ossi, li fée aveuve des ailes,
Fiant valu ses biatés, si divines et si frèles,
Qu'ès l' riwaitant, les fleurs, les pus bias papïons,
Si catchainnent comme honteux di leus laids agaïons.
Giraud s' tape à ses d'gnos, digeant : — Vièrge immortelle,
Vos qui di totes les feumes est sûrmiut li pus belle,
Bel andge do Paradis fait po nos andouler,
Poquoè vinoz d'lez mi? — Poquoè? Po vos ainmer,
Respond l'apparution d'one voèx douce et charmeuse,
Dji sos li fée des boès et dji soss't amoureuse!
Mi voèx, po vos causer, c'est comme on tchant d'amour,
Li pus bia qu'euche tchanté li mèyeu trovadour.
Po vos plaire djè l' vôreuve co pus harmonïeuse,
Dji vôreuve esse pus belle et co pus grâcïeuse
Po raingner sus voss' cœur! Vos sèroz pa vos tchants,
Giraud, si vos m'ainmoz, on grand parmi les grands!
Et Giraud, tot pierdu, respond : — Feume, andge ou fée!
O souveraine biaté! faite po z'esse adorée,
C'ess't à poinne si dj' poux croère au bonheur qui m' vint là.
Et jamais dins mes sondges dj' n'a woisu sondgi ça!
Si parfaite et si belle, si douce et si dgintie,
A m' pôve vie audjourdu vos v'loz loyî voss' vie!
Si tot ça n'est qu'on sondge, peu di m' rinde annoyeux,
Ah! lèyoz-m' co sondgî, car dji sos bin heureux!
— Vos sèroz grand poète, li respond li bell' fèe,
Dji tchant'rais dins vos tchants li douceu d'esse ainmée!
Purdoz ci couane d'ivoère et, fidèle amoureux,
Attindoz qui l' nait veigne si vos v'loz iesse heureux.
Quand l'ombe dissus les boès tchairait stindant ses voèles,
Quand li stoèli lûrait di rilûgeantès stoèles,

Au sou del couane au lon poirté pa les échos,
Dji racour'rais vaici, vos m' rivièroz d'lez vos!
Et tot a disparu, li fée ess't èvolée,
Giraud, l' cœur plein d'amour et l'âme essôrcilée,
Rattind li doux momint qui, tot contintant s' cœur,
Va douviet divant li l'horizon do bonheur!
Les heures vont paugèremint, Giraud, plein d'impatieince,
A tot c' qu'il a vèyu, tot pierdu, sondge, i pinse.
I n' pout croère à s' bonheur, i pinse awet sondgí;
Aspouyi conte one rotche, i d'meure là sins boudgî!
Mais voci l' nait qui vint et les prumairès stoèles
Di l'ombe et del noireu veiguent-nu trawer les voèles.
Giraud djoue et bin lon li dairin son court co
Sus les rotches et les boès rèpètè pa l'écho,
'Qui l' fée est d'lez Giraud. Li purdant d'zos ses ailes,
I's èvont tos les deux viès les amours fidéles!

Li matin, quand Giraud bin r'poisè s' dispierta,
Il estait co d'lez l' rotche, i s' ritrovait vailà
Sitindu sus les hièbes, il y passa l' djournée,
Sondgeant à ses amours et rattindant l' viesprée.
Ça s' rèpéta todis. — L'air èsbaumè des boès
Appoirteuve ès passant l'écho di leus deux voèx.
I's s'ainmainnent sus les fleurs, sus les pachis tot vettes,
Lés floris si bin faits po les djeux d'amourettes!
Il aveuve tot roví, poésie et tchanson,
I n' sondgeuve qu'à l'amour; l'amour li d'neuve raison.
I viqueuve, il ainmeuve, i n' voleuve pupon d' gloère
Et troveuve qui l' bonheur n'a nin dandgî d'histoère!
A quoè bon li chimère, poquoè l'amour tchanté,
Quand tot près, dizos s' mouain, on a l' réalité?

Gn'aveuve dèdjà des moès qui c' bonheur-là dureuve
Et nuque des deux n' sondgeuve qui tot ça finireuve!
I's n' viquainnent qui d'amour, i's passainnent leus saisons
A s'ainmer, à sè l' dire à z'ès piède li raison!
Maïs Titania, l' déesse qui wèïe sus l' poèsie,
Ès s' vèyant pa Giraud nèglidgie et rovie,

Vint on djoû les surprinde et dit à l' fée des boès :
— Pa vos, pa voss't amour, on poète est sins voèx!
Vos l'avoz disbautchî, s' grande ardeur est tchèyeuwe,
Et c'est dins vos filès qui s' grande âme est rît'neuwe!
Dispeu qui v's a vèyu pus jamais i n' tchanta.
Et l'âme s'ess't èdoirmeuwe quand l' cœûr si dispierta!
Totes les biatés qui font voss' vanité, voss' gloère,
Vos n' les rîtouv'roz pus qu'au fond di voss' mèmoère,
Voss' douce voèx qu'a tot fait po si bin l'ètchanter,
Dji r'prinds vaici tot ça. Asteur vos ploz tchanter!
Puis s' tournant viès Giraud, li dit : — T'noz compagnie
A l' cenne pa qui v's avoz pierdu tot voss' gènie!
Ès place del pitite fée et d' Giraud l'amoureux,
Gn'aveuv' pu qu' deux mouchons tot d' truviès, l'air hideux,
Raccrapotés èchonne, s' riwaitant d'on air biesse,
A piesse au d'zeu del rotche et z'aguignant l' dèesse.
— Choutoz, dit Titania, vos d'meur'roz à Rouillon,
Sus l' rotche où vos estoz, au mutant do vallon.
Vos vos y rappell'roz vos histoères amoureuses,
Vos, Giraud, vos pôroz y tchanter vos berceuses,
Po bin fer pènitince, vos y viqu'roz cint ans
Et l' rotche après voss' moirt sèrait à vos effants!

Et co l' djoû d'aujourdu, quand on passe ès l' vallée,
On voèt tèll'mint des tchauwes qu'on direuve one nûlée.

10 Juillet 1892.

Noss' pitite tchambe pa d'sos les toèts

Ci n'est nin l' tchambe d'one duchesse,
L'ôr n'y r'lût nin tos costés,
Mais on s'ainme, on s'y rabresse
Ès l'hivier comme ès l'esté.
S'on drouve li fègnesse à craïe,
C'est li stoèli do bon Diet
Qui raclèrit nos muraïes
Pa d'sos les toèts.

C'est tot au pus s'elle est grande
Comme one gayole di pinson,
Mais jamais on n'y martchande
Li rire nin pus qu' les tchansons.
Ès travayant d'lez Marie,
A deux nos mêlans nos voèx.
On prind do bon costé l' vie
Pa d'sos les toèts !

Rindgies li long del gottire,
Saquants fleurs po tot djardin,
D'lez nos autes veignent-nu sorire,
Nos agayi t'au matin,
On p'tit mouchon dins s' gaïole
Tchante comme s'il esteuve au boès,
Sins y pinser l'heure èvole,
Pa d'sos les toèts.

Didins s' bèrce on bia p'tit andge,
Fait des risettes à s' papa,
Sus l' timps qui s' bonne mére li candge,
I saye di causer tot bas.
Tot choûtant ses p'tits ramadges,
Nos l'apougnans dins nos brès,
On a l' bonheur ès moinnadge,
Pa d'sos les toèts.

Jamais l' grandeu n' nos cotchesse,
Ainsi nos viquanss't heureux,
Les noirès idées dj' les tchesse
Et dj'a todis l' cœur djoèyeux.
Ainsi, nos sûrans noss' vôye
Au cœur sins awet nu r'grets,
C'ess't on vrai plaigi d' nos vôye
Pa d'sos les toèts.

L'Aronde

Adlez nos autes nos ainmainnes à vos vôye,
Dèdjà portant vos alloz nos quitter.
Nos n' vos voèrans pus voler sus les vôyes,
Fiestant l'amour au tchaud solia d'esté.

Ès nos quittant vos nos ·ligeoss't à r'vôye,
A r'vôye au nid qui d'meure là disseulè;
Dins saquants moès vos vairoz co l' rivôye,
Nos ramoinrnant li prétimps et l' gaité.

Allez-ès ratte, li frèd hiviér vos tchesse,
Peu dè l' frèdeu qui vaici nos cotchesse,
Vos enn' alloz viès des climats pus doux;

Mais vos r'vairoz nos r'mette li cœur ès fiesse,
Car po tortos vos estoz l' messadgeresse,
Todis fidèle, qui ramoinne les bias djoûs.

Gn'a tot qui m' tinte

(MONOLOGUE)

Dji sos foirt drole di caractére,
Dji n' sais rin vôye sins v'lu l'awet;
Quand dji voès d' l'aiwe frisse et bin clére,
Dj'a soèf.

Po mougui c'est piron parèye,
Si dj' voès sus l' tauve, canadas, pouain
Et del tchau d'lez n' pitite botèye,
Dj'a fouaim.

Quand dj' voès sus l' reuwe, souwant à gottes,
Aller poussif comme on vix tch'fau,
Onque qui soffelle et qui s' rifrotte,
Dj'a tchaud.

Au contraire, si gn'a del dgealée,
Adlez li stûve si dj' voès noss' tchet
V'nu tchauffer ses pattes à l'chigelée,
Dj'a frèd.

Si m' camarade attrape one crolle,
Comme li dji boès, rin ni m' ritint,
Tant, qu'ostant qu' li, dji seuïe tot drole
Et d'dins.

Vos diroz quéqu'fie qu'elle est crausse,
Mais quand on aute èva padrî,
Sins pus rattinde, v'là qu' dj'attrape ausse
Comme li.

Dins mes opinions politiques,
Tos les partis sont sus l' mainme rang.
Dji lais libèraux, catholiques
En plan.

Après les comméres dji m' rafie,
Ès m' cœur elles passent-nu tour à tour.
Est-ce qui c' n'est nin l' mutant del vie,
L'amour?

Et tant qui dj' dimeurerais sus l' terre,
Tot c' qu'est bia z'et bon mi tinterait;
Sus c' qu'ess't à v'nu dji n' mi r'toûne wère
Qu'après.

Quand dj' sèraiss't à gobies, à loques,
Dj'aurai pierdu m' dairin espoèr,
Mais... dj'aurai choyu totes les bioques.
Bonsoèr!

Dj'esteuve aux tchamps

Tchantèe li 20 mars 1892, au thèâte Malibrau,
pa Madame L. Herdies

(Musique di Fernand Lhoneux)

On djoû dj'esteuve avou noss' biesse
Aux tchamps, l' solia m' donnait sus l' dos.
Dji croès qu' ça m'estchauffeuve li tiesse,
— A vingt ans, ça tchauffe po tortos
Quand tot d'on còp au long sus l' vôye
Dji voès l' gros Colas s' promoinrner;
Mi dj'estais tote bunauge dè l' vôye,
Car il a seu m' plaire et m' charmer.

(Parlé) Dji pinsais tot djustumint à li! Gros m'vè va! Là onque qu'aveuve li tour!

N' faut nin qu' ça vos saisiche!

A quoè sondg'reuve-t-on, quand on a vingt ans, bon pid, bon ouye et qu'on est là des longuès heures tote seule, inte quate zouyes avou ses sintimints!

I vos ès passe dés idées sur on rin d' timps!

Gn'a qui l' bon Diet qui sait tot c' qui pout passer pa l' tiesse d'one djonne bauchelle! Il ès passe todis assez po qu'on s' mette li doègt dins l'ouye!

On est là, tote astomaquée, avou l' cœur qui brotche d'amour! On sondge à ci, on sondge à ça et çi et ça, c'est todis l'amour qui rotte!

A l' campagne surtout, tot vos poite à ça; li parfum des fleurs, li solia, jusqu'aux biesses!

Gn'a nuque qui donne si paurt aux tchins!

Ossi, vos compurdoz qu'en vèyant v'nu Colas...

Rèfrain

Mi p'tit cœur fiait pan pan, } bis.
Et noss' vatche fiait man man! }

Gn'a Colas qui quitte li grand'route
Po z'accouru ratt'mint d'lez mi,
I rodgicheuve, au fond dji m' doute
Qui dj' rodgicheuve one miette ossi.
On s'a payì des rabressades,
On n'n'a sôrti tot cafougnîs,
Ah! nos estainnes bons camarades,
Vos p'loz l' croère, c'est mi qui vos l' dis.

(Parlé) Il estait warrache, mais, dins l' fond, nos nos ètindainnes bin!

I tchèyait todis dins mes idèes! Po ça, nos avans ieu des bias djoûs! Ah! les bonnès heures di djonnesse! les heures où l' galant vos cause, et qu'on est là, tote rimouée, cobroïant si d'vantrin po dire qu'on cobrôïe one saqwet! Les p'tits clins d'ouïes à catchette, les pougnies di mouain, à n' pus ès fini, les frolemints qui vos r'mouent-nu l'âme, les p'titès bauges d'accompte volèes dins tos les coins. Ah! c'est l' bon timps, ça! C'ess't àlors qui ça bouche à tot disterminer! On a d's ouyes qui po s' galant et d's orèyes qui po choûter ses faflûtes! Rein qu'en l' vèyant :

Rèfrain

Mi p'tit cœur fiait pan pan,
Et noss' vatche fiait man man! } bis.

Li solia bin rar'mint nos tchauffe,
Dispeu deux ans n's estans mariès,
I gna pus rin qui nos rèstchauffe,
Maugré qu'on z'est raccrapotès.
Ritchaire ainsi c'est bin dammadge,
On d'vreuve awet todis vingt ans,
C' n'est pus dicause ès noss' villadge,
C'est comme frère et sou qu' nos viquans!

(Parlé) Totes mes bellès illusions, tos nos bias prodjets! Tot ça, c'ess't èvôye à l' rainne dèdeppe, bonsoèr lampe, totes les bioques sont coudeuwes!

Et c'est ça l' mariadge!

C'ess't après ça qui gn'a tant des commères qui pilent-nu! Bin, choutez, gn'a d' pus à piède qu'à gangni! Avant d' sondgi à s' marier, elles f'rainnent mia d' sondgi aux affaires sérieuses!

Li mariadge, ça r'chonne one miette aux intrèprises coloniales, tot clére, quand on z'y mousse; tot noir, quand on z'est d'dins!

Po les hommes, c'est sovint l' moirt di l'amour et c'est malheureusemint l' cas po l' minque, car

Rèfrain

M' cœur a beau fer pan pan,
L' vatche ni fait pus man man! } bis.

Dji n' sais rin

(MONOLOGUE)

Dit pa A. Janlet, li 10 févri 1892, taverne St-Djean

I m' faut bin v'nu, pusqu'on m' rappelle,
Merci, po vos applaudich'mints,
Car, dj'avais bin peu qu'on n' chuffelle,
Dj'a passé saquans laids momints.
Vos pinsez qui dj' vas vos fer rire,
Et vos purdoz voss't air contint;
Mais dji sos riv'nu po vos dire
Qui dji n' sais rin!

I gn'a bin des dgins qu'ont del chance,
Qui n' sont nin geainnés po tchanter
Cramignon, pasquée ou romance,
I's ont d' tot po vos continter.
Ès vos ètindant criyi : bis,
Maugré m' plaigi ça n' m'allait nin,
Car, vèyoz, dji n' sos qu'appurdisse
Et dji n' sais rin!

Si dji vos fieuve on' conférince?
Mais po ça faut cor on sudjet,
Bin z'ès connèch' li conséquince,
Li but bin pratique et complet.
Po vos causer d' littérature,
Quéqu'fie qui ça n' vos ireuve nin,
Puis, ça m' geainn'reuve, dji vos l'assure,
Dj' n'y connais rin!

Vos vos d'geoz : c'ess't on drôl' d'apôte
Po v'nu s' mêler d' volu tchanter,
Si n' sait rin, faut fer place à l'ôte,
Nos, nos estans v'nus po chouter.
Djè l' sais bin, dji vos voès sorire,
Mais dj'a volu, vos l' vèyoz bin,
D'vant d' paurti, v'nu vaici vos dire
Qui dji n' sais rin!

Dj' fais des escuses à l' compagnie,
Di li causer comme on storné,
Faut nin m'ès v'lu si dj' vos èsnuie,
Si vos bauyoz quand dj'a causé,
C'ess't on parti philosophique,
Qu' dj'a pris d'vant vos applaudich'mints,
Fallait portant qui dj' vos èsplique
Qui dji n' sais rin!

Dji r'vins do Congo

Vo m'ci riv'nu do Congo
Dispeu l' samoinne passée
Et dj'accoure ratte adlez vos,
Ragèyi voss' soèrée.

Dj'a causu rovi m' wallon,
Dji cause comme on sauvadge,
Dj'a fait li r'frain di m' tchanson
Didins m' novia lingadge.

Rèfrain

Spitte et rascrauwé,
Spèpi, tchamossé,
Po quèqui l' gozi
Mougne on boquet d' quèwi.
Fafloute et lampèe,
Gobie et quèquée,
Djotte et crauboya,
Tripe et cacafougna.
Dispouïe,
Ah l' caca laids ouïes,
Il est margougni,
Misbridgi, cafougni.
Pette et macsugrogne
Comme on pourcia grogne
Vîx couyet modu,
C' côp-ci, vot'ci strindu.

I parait qu'on Namuroès,
A l' fie d'on grand naufradge,
A sti d'lez ces Iroquoès
Causer noss' vîx lingadge.
Ça leu z'a chonné si bia
Qu'i's ont volu l'apprinde.
C'est vailà qu'on l' cause li mia,
Comme vos poloz l'ètinde.

Rèfrain

Tienne, grèyi, gawer
Mawe et crau stoffé,
Tigne, doksau, bozin
Qu'a spagna qui pind.

Chimer pastinauque,
Cabouyi, murauque,
Bardaquenne, laurmi
Fligotte et spopoyi.
Cahoute,
Lambozette et boude,
Palasse et craya,
Cahiute et saya,
Patacon, wachotte
Moflasse et lumerotte,
Spritchi, ristritchi
Modée et bernati.

Bunauge di m' vôye arriver
Li grand chef, Pierre Gozette,
M'a donné s' fèye à marier,
On l'appelle Tèche Cassette.
C'est del famille Crauboya
Qui vint d' Marie Doudouïe,
Qui planteuve des canadas ;
Dji n' vos conte nin des couïes.

Rèfrain

Brocali, bèghyau,
Mayanne, Baridan,
Forligni, tchitchi,
Rabanaire et brotchi,
Balouge et warmaïe
Craubodet, marmaïe,
Barette et scaufion
Qu'attrape li froyon.
Afflitche
V'là l' boton qui spritche
Raubosse et tiatia,
Maquette et poria,
Lumion qui bambie
Li pouye qu'a l' pèpie,
Cohienne et grusia
Caracolle et spuria.

V'loz causer li Congolais ?
Gn'aurait moèyin d' s'ètinde,
C'est l'affaire di saquants moès,
Dji voux bin vos l'apprinde.
Ça v's irait mia qui l' flamind,
C'ess't ès Wallon qu'on l' cause ;
Echonne nos irans contints,
Au Congo, po l' dicause.

Rèfrain

Agni, ralètchi,
Tot raratchitchi,
Squinée et curia
Glawinne et restia.
Balouge et gagawe,
Crasset, tchimagrawe,
Pèlaque et navia
Cachiveu, tiesse di via,
Gravale
Sclainboigne, aburtale,
Soquette et lumion
Scorie et moquion.
Pirwitche et chumerette,
Balusse et berwette,
Mais vos m'ci taurdu,
C'est tot... por audjourdu.

(D'après la chanson Liégeoise de M. Louis Westphal.)

Dji sos couyon d'lez les comméres

(Air : *Gentil avec les dames.*)

Ah ! mon Diet todis !
Qu'est-ce qui dj' voès vaici ?
One commére vailà
Et cor one par là !

Mesdames, i n' faut pas m'èrgarder,
Ou bien je n' woiserai plus chanter.
Voz alloz, djè l' sais bin,
Mi trover biesse di caractére,
Mais dji n'ès poux rin :
Dji sos couyon d'lez les commères.

Dj'a volu sayî
Avou Bette Tati,
Djè l'ainmeuve biacôp ;
Mais po ferrer m' côp,
Il aureuve fallu li d'mander,
Et dj' sos trop couyasse po causer.
Vos dire ci qu'elle a rit !
Astheure elle cause avou m' monfrère !
C'est pus foirt qui mi,
Dji sos couyon d'lez les commères.

Dji connais m' dèfaut,
Dji n' sos qu'on bâbau ;
Mais au fond, portant,
Ah ! dji les ainme tant !
Dji vôreuve tant courtiliser,
Mais dj' sos trop balouge por hanter.
Bin qui dj' seuïe malhèreux,
Si dj' prinds n' feume, dj' n' voux pon d' belle-mére,
Car po z'ès prinde deux,
Dj' sos trop couyon d'lez les commères.

L'aute djoû dins l' pachi,
Avou l' fèye d'Hinri,
Li nait v'neuve dèdjà
Qui n's estainnes vailà.
Li p'tite mi d'geuve ès sommadgeant :
« Dji n'ai co pont trové d' galant ».

Dji pinsais, tot saisi,
Si dj' woiseuve, l'affaire sèreuve clére
Mais dji n'a rin dit,
Dj' sos trop couyon d'lez les comméres.

Tot ratte on danserait;
Au bal dj'y sèrais,
Et vailà, si dj' poux
Trover n' feume à m' goût,
Faut, po raclèri m' position,
Qu'elle mi faie si déclaration.
Mais vaici djè l' prévins,
Qu' s'elle mi foice à fer des maniéres,
Dji n' respondrais nin;
Dji sos couyon d'lez les comméres.

Mi p'tite pouyette

(Air : *Ma grosse Julie)*

Gn'a n' pitite pouye ès noss' cina,
Vos n' sauriz rin vôye d'ossi bia!
Elle est si tchaurnée et coquette
Avou ses plomes noires et rossettes.
Chaque côp qu'elle va sus l'ancenni,
Gn'a tos les coqs qui sont padrî;
Mais lèye sait bin, sins fer chonnance,
R'mette à pus taurd... li connichance.

Rèfrain

Si vos l' vèyiz pa t'avau l' vôye
Couru par ci, couru par là,
On a vraimint si bon del vôye
Cott, cott, codi, cott, cott, coda.
Ah! qu'elle est djolie et finette,
Mi p'tite pouyette.

Elle est bin fidèle à s' galant,
C'ess't on djonne coq qu'est foirt spittant,
I paurtadge si nid dins les fouyes
Et connaît l' tour po li fer d' l'ouye.
Au matin à l' piquette do djoû,
Elle court dèdjà po pìède sit' ou,
Quère on p'tit nange ou bin à l'auge,
Li p'tit coq accourt tot bunauge.

Rèfrain

Et tos les deux, piron parèye,
I's enn' èvont sôrtant di d'lâ,
Si causer d'amour à l'orèye,
Cott, cott, codi, cott, cott, coda.
Ah! qu'elle est djolie èt finette,
Mi p'tite pouyette!

Pou d' bisbilles inte les amoureux,
I's s'ètindent-nu si bin zels deux;
Li coq fait c' qui pout po li plaire
Et s' boutreuve ès quate po l' complaire.
Li p'tit moinnadge bin ayessi,
Ni sondge vraiment qu'à s' caressi,
Et leu bonheur mi donne èvie,
Comme zels, dji vôreuve passer m' vie

Rèfrain

Et fer noss' nid pa d'sos l' fouyadge.
Adon viquer à deux vailà;
Fiestant l'amour pa d'sos l'ombradge.
Cott, cott, codi, cott, cott, coda.
Ès d'visant todis d'amourette
Avou m' pouyette!

Li Chamboran

(Air : *T'en souviens-tu*)

Soviut dj' rapinse les pus bias djoûs di m' vie
Et dji m' ripoite aux bias djoûs di m' djonne timps.
C'ess't ès c' timps-là qui dj' courtiseuve Marie
Et qu' dins noss' cœur nos avainnes li prétimps.
Djè l' rivoès co, djolie et bin avenante,
On p'tit loyin tourné didins les tch'fias,
Deux grosses massales bin frisses et bin ross'lantes, } bis.
Non, non, nul pau vos n' sauriz trover mia !

C'esteuve li pielle des p'tites feumes di moinnadge,
Au paire li pouce elle m'a todis sognî ;
Au grand jamais dji n'a r'gretté m' mariadge,
Dj'esteuve heureux comme on n' l'a jamais stî,
És v's ès causant dji sins m' cœur qui s'ènonde,
Tot ça m' rappelle les djôyes di mes vingt ans.
Mais l' vrai bonheur n'est nin possibe au monde, } bis.
Quand on l' resconte ossi ratte nos l' pierdans.

Dj'aveuve on fils qui m' rappelleuve li mère,
Pauve pitit andge qui l' bon Diet n's avoya,
I fieuve li djôye et l' bonheur di s' pauve pére ;
Mais, commi li mère, li bon Diet l' ripurda.
Et dj'a passé tot seu bin des années,
M' lèyant viquer sins èvie et sins goût,
Viquant d' sovenances et di mes djôyes passées, } bis.
Et c'est comme ça qui dj'irai jusqu'au d'bout.

Bin qu' trimant deur, dji n'a trové sus m' vôye
Qui del misére et dj' finirai mes djoûs
Avou l'espoèr qui l' moirt mi faie rivôye
Tot c' qui dj'ainmeuve et dont m' cœur poite li doû.
Pauve Chamboran, quand l' bon Diet m' vairait r'qwère,
Nuque ni brairait, nuque ni s' sovairait d' mi,
Tot qui m'ainmeuve astheure est didins l' terre } bis.
Et c'est vailà qu' dji r'vièrai mes amis.

Tchanson del Marmite

(Vieil air Liégeois)

Todis rosselante
Et sorïante,
C'est co l' Marmite qui vint tchanter d'lez vos.
Todis rïeuse
Todis djoèyeuse,
Elle vairait co vos ragayi tortos.

Bin qu' nos euyanges cor on an d' pus sus l' tiesse
Et l' cu sus l' feu dispeu pus d' quatôrze ans,
Maugré noss't âge nos savans co fer l' fiesse
Et nos années si passent-nu tot tchantant.

On an sût l'ante
Sans candgî l' môde
Di nos pasquées, couyonnades et tchansons.
Au cœur, li flamme
Qui nos inflamme
Ci n'est qu' l'amour di noss' pays wallon.

On n' rascoud nin todis totes djaubes flories
A fer l' mestî qu' nos avanss't èterpris,
Mais noss' dèvise à nos c'est : « faut qu'on rie ! »
Tant pis po l' cia qui n' nos a nin compris,

Dont l' voèx grigneuse
Et fafouyeuse
Sait critiquer mais n' sait nin nos aidi.
Li cia qui cause
Et nos discause
F'reuve bin d' fer vôye c' qu'il a dins s' pani.

Mais ripurdans rattemint nos tchansonnettes
Et ritchôquans les grigneux sus l' costé,
Dji r'sins dèdjà riv'nu les amourettes
Ès m' cœur si lève li tchaud solia d'Esté.

Bondjoû, fèfèye,
A voss't orèye
Lèyiz-m' vos dire qui dji vos voès volti.
Avau les vôyes
Nos irans vôye
A deux, djolie, si les prés sont floris?

Ni rovioz nin, wallons, li p'tite Marmite,
Qui vint d'lez vos tchanter noss' vîx patoès,
Del Wallonie n'ess't-elle nin l' douce faubitte?
Nè l' rovioz nin po qu'elle tchante à plainne voèx.

Todis rosselante
Et soriante,
C'est co l' Marmite qui vint tchanter d'lez vos.
Todis rïeuse
Todis djoèyeuse
Elle vairait co vos ragayi tortos.

En allant coude des neuges au boès

(Air : *C'est si léger)*

Dédié à m' camarade Victor Collard.

En allant coude des neuges au boès
Avou Djôseph, li fils da Pierre,
I m'a causé di s' pus douce voèx
Et m'a dit d'on air di mystère :
— Dji tronne, dji tronne, quand dji vos voès,
Por mi, rin d' pus bia qu' vos sus l' terre! —
Dj'enn' alleuve coude des neuges au boès
Avou Djôseph, li fils da Pierre.

En allant coude des neuges au boès
Avou Djôseph, li fils da Pierre,
Dissus s' brès dj'aspouyeuve mi brès
Et m' cœur tocteuve à n' p'lu l' fer taire.
— Quéne chance qui nos n'estans nin troès,
Mi r'dit Djôseph, nèdon, m' chére Claire? —
Dj'enn' alleuve coude des neuges au boès
Avou Djôseph, li fils da Pierre.

En allant coude des neuges au boès
Avou Djôseph, li fils da Pierre,
I m' dit : — Vinoz, djolie, pus près
Et n' purdoz nin voss't air sévère.
Por vos m' pauve cœur ess't aux aboès,
Euyoz pitié di s' poinne amère! —
Dj'enn' alleuve coude des neuges au boès
Avou Djôseph, li fils da Pierre.

En allant coude des neuges au boès
Avou Djôseph, li fils da Pierre,
I m' dit co : — D' vos m' cœur a fait choèx,
Voloz bein iesse mi p'tite commére? —
Dj'a respondu : « L'amour sournoès,
Mi foice à vos prinde po m' compére! »
Dj'enn' alleuve coude des neuges au boès
Avou Djôseph, li fils da Pierre.

En allant coude des neuges au boès
Avou Djôseph, li fils da Pierre,
I m' dit : — Comme tot brave villadgoès,
N's allans r'passer pa l' presbytère! —
Po fer d'one pire deux côps. Ma foè,
Nos avans stî mon l' madgustère,
Es riv'nant d' coude des neuges au boès
Avou Djôseph, li fils da Pierre.

One sovenance di djonnesse

2e prix, médaille d'argent, à la Société Liégeoise de Littérature Wallonne)

Dédié à Monsieur Victor Hallaux.

Elle si mostreuve avenante et sins grande apparence,
Frisse et coquet d'vant lèye, drî l' grilladge, on posti.
Maugeonne di m' vîx grand'pére, dj'a bin waurdé t' sovenance,
C'est vailà qu'on t' vèyeuve, tot au d'bout do batti.
Des relles vîx d' pus don siéque, grippants l' long d' tes muraîes
Catchainnent tes viès pîres, d'sos leu coutche di verdeu
Et fidèles jusqu'à l' moirt, i's ès stoppainnent les craîes,
Disfindant l' bâtimint conte li bîge et l' frèdeu.

C'est là qu' riv'nant d'ès scole nos nos boutainnes à tauve,
On mougneuve ès c' timps-là sus des assiettes di stain.
Tà n'awette ès riant nos racontainnes one fauve,
Moman d'geuve ès brûtant : « C'ess't à poinne s'on s'ètind! »
Combin d' vîgeries ès l' tchambe! Tot rappèlait l' mémoère
Des ans passés : crasset, bon Diet d' keuve, blancs ridias,
Rabatau di tch'minée, potager, vie armoère,
Fèniesses à guillotine, avou des p'tits cwairias.

Po zaller dins l' cougenne on sûvait n' longue allée,
C'est vailà qu'ès l'hivièr, au culot d'on bon feu,
Po fer passer les heures nos choutainnes à l' chîgelée
Les vîx contes do pays, tot bèvant noss' cafeu.
Quand les nouf heures sonnainnent à nos hôrlodges antiques,
Nos bauyainnes ès catchette, peu di nos astaurdgi;
Grand'pére qui nos waiteuve au truviès d' ses berriques,
Digeuve : « Mes p'tits èfants, v'là l'heure d'aller coutchi. »

Adon criant bonsoèr à dadaïe nos n'n'allainnes,
Courant à pids tos d' tchau pa t'avau les tîlias;
Sus l' grande et laudge montée ès djouant nos courainnes,
Po moussî dins noss' lé n' fiant nin grands rafyas,

Es clignant nos p'tits ouyes nos digeainnes one priére,
C'esteuve au pus sovint : « Bonsoèr pitit Jésus ».
Es v'nant nos ascouviet nos rabressait noss' mére.
Po fer cas d' ses bonheurs, faut qu'on les euïe pierdus!

Di tot ça rin n' dimeure. Dji m' sovins co quéquefie
Des années qui sont yutes et qu'ont vèyu m' prétimps.
Gn'a d's anoyeux passadges où c' qui l'âme si rafie
Di r'poirter ses pinsées aux bias djoûs do djonne timps.
Pa ces chérès imaudges au cœur gn'a co del djôye,
Es rapinsant l' djonnesse on r'sint del bunaugeté;
Anoyeux pa momints d'awet lèyi sus l' vôye
Tot noss' bonheur d'èfant, qu'on soudge à dispierté.

Dins les prés

(Air : *Lucas et Fanchon*)

On djoû didins les prés dj'a rescontré Suzon,
Qu'alleuve avau les vôyes ès grûsinant n' tchanson,
Ah, qu'elle esteuve djolie et comme elle tchanteuve bin,
Gn'a m' cœur qui fiait toc toc ès sûvant s' doux rèfrain.

Sus l'air do tra de ri de ri
Sus l'air do tra de ri de ri
Sus l'air do tra de ri de ra
Lon la. } bis.

Mais volà qu'arrivée au mutant d'on pachi,
Suzon d'mèreuve à stoc, po passer d'seu d'on ri.
Dji m'avance ès tronnant po l' satchi d'embarras
Et, ripurdant s' tchanson, dji fafouyeuve tot bas

Sus l'air do tra de ri de ri, etc.

Li p'tite, tote rimouèe, aveuve bon di m' chouter,
Es m'aspouant d'lez lèye dji sintais s' cœur tocter.
Es li causant gn'a l' minque qu'alleuve comme on pierdu,
Tote foû d' lèye di l'ètinde, Suzon m'a respondu

Sus l'air do tra de ri de ri, etc.

Po passer li p'tit ri djè l'a pris dins mes brès,
Es l' clinçant sus mi spale dji li causeuve di d' près.
Adon nos avans stî conde des roses aux bouchons
Tot ès choûtant tchanter d'seu nos les p'tits mouchons,

Sus l'air do tra de ri de ri, etc.

Es sôrtant foû do boès, quand dji r'waiteuve Suzon,
Elle distourneuve li tiesse comme po fer des façons.
Tote honteuse di s' bonheur, elle rodgichait d'lez mi,
Tot ès m' digeant tot bas : « Qui dj' soss't heureuse ainsi ! »

Sus l'air do tra de ri de ri, etc.

Ah, comme on est bunauge quand on ess't amoureux,
D'enn' aller dins les boès sondgî quand on z'est deux.
Vos vôriz bin sawet ci qu'enn' ess't advinu ?
Dji vos dirai ça d'mouain, l'est trop taurd audjourdu.

Sus l'air do tra de ri de ri, etc.

Dispeu chîx moès dèdjà, dji sos l'homme da Suzon
Et djè l'ainme cor ostant qu' quand c'esteuve mi mayon.
On n' dirait nin d' nos autes qui nos pièrdans noss' timps,
Car di d'ci n' cope di moès nos fauraiss't on parrain.

C'est l'air do tra de ri de ri
C'est l'air do tra de ri de ri
C'est l'air do tra de ri de ra
Lon la ! } bis.

Ès vos waitant dins voss' muroè

Digeoz-m' ci qu' vos vèyoz, Marie,
Ès vos waitant dins voss' muroè ?
Y vèyoz qui v's estoz djolie
Avou voss' si chaurné minoès ?
Ès vos waitant dins voss' muroè,
Digeoz-m' ci qu' vos vèyoz, Marie ?

Y vèyoz qui v's estoz djolie
Avou voss' si chaurné minoès ?
Rin qu' d'y sondgî m' tiesse ès folie
Va d' ci, va d' là, sins sawet quoè.
Quand v's estoz là d'vant voss' muroè,
Est-ce qui vos v's ès doutoz, Marie ?

Rin qu' d'y sondgî m' tiesse ès folie
Va d' ci, va d' là, sins sawet quoè.
One pitite crolle vint fer n' flatterie
A voss' bia front frisse et coquet.
Nè l' vèyoz nin dins voss' muroè,
Quand vos vos y waitoz, Marie ?

One pitite crolle vint fer n' flatterie
A voss' bia front frisse et coquet.
Dji f'reuve sûrmint pus d'one loignerie
Po n'n'awet d'lez l' cœur on boquet.
Est-ce qui n' vos l' dit nin, voss' muroè,
Quand vos fioz vos frisettes, Marie?

Dji f'reuve sûrmint pus d'one loignerie
Po n'n'awet d'lez l' cœur on boquet.
C' qui fait l' djôye et l' bonheur di m' vie,
Fèfèye, faut-i vos dire mi s'cret?
C' qui dj'ainme si voèt dins voss' muroè,
Quand vos vos y waitoz, Marie.

Noss' Nid d'Amour

(Romance)

(Musique de Fernand Lhoneux)

Fèfèye, i gn'a vailà tot au fond do boscadge,
On p'tit endroèt pierdu didins l'ombe et l' verdeu,
On vrai p'tit nid d'amour mettu là d'sos l'ombradge.
Où lon des ouyes djaloux nos enn' irans à deux.
Didins noss' pitit nange, nuque ni pôrait noș vôye
Nos sèrans bin à l'auge ès noss' clairia flori,
I gn'aurait nu tcherdons ni spennes avau noss' vôye,
Ohi, c'est là, fèfèye, qui n's irans fer noss' nid.

Nos s'rans si bin nos deux, rafûrlès dins les fouyes
Où nos n'aurans qu' des fleurs po p'lu nos ascouviet.
Là, dji vièrais r'glati tot au fond d' vos bias ouyes,
Es mille feux amoureux, li stoèli de bon Diet.
Nos y rovierans tot, nos misères et nos poinnes
Es rifiant n' novelle vie à noss' cœur radjonni;
Po nos autes, gn'aurait pus qui des bellès samoinnes,
Ohi, c'est là, fefèye, qui n's irans fer noss' nid.

Quand li rosée lûrait sus les hièbes totes flories,
Les fleurs dôront por nos leus parfums les pus doux;
Les papïons zels mainmes enn' auront djalouserie,
Nos autes nos n'aurans keure di leu dispi djaloux.
Noss' cœur sèraiss't ès fiesse et noss't âme amoureuse
Connirait l'amour vrai qui jamais ni s' disdit
Et dins noss' nid d'amour li vie sèraiss't heureuse,
Ohi, c'est là, fèfèye, qui n's irans fer noss' nid.

Quand li noireu vairait n's èwalper di ses voèles,
Li p'tit mouchon tchanterait po bin nos èdoirmu,
Po wèyî sus nos autes n's aurans l' lueu des stoèles
Et l' tchanteu leu r'dirait tot c' qu'il aurait vèyu.

Si douce tchanson d'amour richandirait noss't âme
Et nos clôrans les ouyes ès l' choutant co todis,
Avou l' cœur tot brûlant del mainme amoureuse flamme,
Ohi, c'est là, fèfèye, qui n's irans fer noss' nid.

Si ratte qui l'heure sornerait d' fer l' voyadge ès l'aute monde,
Nos sèrans co vailà, prêts à n'n' aller nos deux;
Fiant mainme li nique à l' moirt et po mia l' fer confonde
Nos waud'rans jusqu'au d'bout noss' bonheur d'amoureux.
Po noss't intrée là-haut, di fleurs nos f'rans n' couronne,
Nos l' bout'rans su noss' front qui l'amour a bèni
Et quand i nos vièrait, Diet dirait : « Dji pardonne,
Allez-ès, mes èfants, allez-ès r'fer voss' nid ! »

C'est l' boès qui boute

Voci les bias djoûs qui r'veignent-nu,
Li solia nos met l' diale ès l' tiesse,
Es boès les p'tits mouchons tchantent-nu;
Autoû d' nos tot prind d's airs di fiesse.
Aux prumis bias djoûs do prétimps,
L'amour nos prind sins qu'on s'ès doute,
Il accourt pus ratte qu'on n' l'attind.
C'est l' boès qui boute (bis).

Les djonnès fèyes quand on les voèt
Chonnent-nu tortotes au pus djolies,
Es noss' cœûr on ètind des voèx
Qui consient-nu bin des folies.
Maugré l' raison nos les choûtans,
Cupidon n' vout nin qu'on l' riboute,
Et c'est d' tot cœûr qui nos l' sûvans,
C'est l' boès qui boute (bis).

Li prumère fouye vint di s' mostrer,
Elle vint di scahi foû d' si s'caugne,
Es noss' cœûr commince à tchanter
L'amour qui n' vout nin qu'on l' sipaugne.
Ossi, djolie, profitans-ès,
C'est l'amour qui vout qu'on s'y boute,
Nos irans li studi di d' près,
Tant qui l' boès boute (bis).

Li vîx Marronnî

Dizos l' vîx marronnî qu'est là dins l' coû del since,
Nos allainnes à l' viesprée, quand nos estainnes èfants,
Fiant cèke autoû d' grand'père qui bouteuve tote si sieince
A conter des histoères qu' nos choûtainnes ès tronnant.
Douces sovenances do passé vos riv'noz sus noss' vôye
Comme des pôves vîx disbris dispeu longtimps rovis
Et vos m' radjonnichoz; dilez vos dji croès r'vôye
Mes prumîs ans passès dizos l' vîx marronnî.

Vos ès sov'noz, Marie, c'ess't à l'ombe di ses fouyes
Qui dj' vos a dit : « Dji v's ainme » et qu'adon dj'a vèyu
Comme onc lueu d' bonheur passer dins vos bias ouyes.
Fèfèye, dji m'ès sovins, comme si c' s'reuve audjourdu.
Tos les sermints d'amour qui boutent-nu l'âme ès fiesse,
Dji vos les fieuve, djolie, et vos vos y fiyiz.
C'est là pa d'zos s't ombradge qui dj'a r'ci vos promesses,
Quand d'zos l'ouye do bon Diet nos n's estanss't afiyis.

Quand quéques années après Diet nos donna noss' fèye,
C'est co tot autoû d' li qu'elle fit ses prumîs pas.
Noss' bonheur esteuve grand et noss' djôye sins parèye,
Es l' riwaitant couru, nos ès d'visainnes tot bas,

Fiant des sondges po l'avenir, douces illusions d' djonnesse,
Qui l' timps tot sûvant s' vôye vint sovint misbridgî.
Mais n's avans co l' bonheur di r'poiser noss' vyesse
Dizos l' fouyadge ainmé di noss' vix marronnî.

Quand nos n'y sèrans pus, quand au frèd cimintiére,
Nos ouchas blanquiront consommés pa les ans,
Dizos l' vix marronnî, po s' rappeller leus péres,
Vairont co s'assimbler les èfants d' nos èfants.
I sèrait todis là po rappeller l' douce flamme
Qu'a fait m' cœur à voss' cœur po todis aloyî
Et c' sèreuve on bonheur, à deux di p'lu rinde l'âme
A l'ombe des viès coches di noss' vix marronnî.

Li crèation del feume

(MONOLOGUE)

On djoû qu'Adam n'n'alleuve pa t'avau s' paradis,
I s' promoinrneuve tot trisse et rèpèteuve todis :
« Dji m' plaireuve bin vaici, mais ci qu'ess't anoyeux,
C'est qu' didins m' paradis, Dieu m'a mettu tot seu !

» Les biesses tot autou d' mi, quand elles sintent-nu l' prétimps,
Evont par copes au boès si d'viser d' timps in timps.
Les mouchons dins les aubes sonss't à deux dins leu nid
Et mi, tot dissenlé, dj' doès m'embêter vaici.

» Dji vas tote one djournée et todis mau contint,
Dji n' sais quoè fer di m' coirps ni commint touer l' timps.
Dj'a vaici tot c' qui dj' voux, dj'ès poux prinde à gogo,
Mais po n' pus esse tot seu, dji dôreuve voltî tot. »

Don volà qui Dieu l' père, qui passeuve avaur-là,
Etind les plaintes d'Adam. Po zy mette li holà,
I stind les brès, commande aux andges di l'èdoirmu,
Et comme en astaurdgie, v'là noss't Adam tchèyu.

Li bon Diet prind s' serpette et dins l' costé d'Adam,
I discôpe one côtelette, on boquet sus l' croquant.
I l' boute à costé d' li, comptant bin s'ès siervu,
Mais volà qu'on tchet passe et do côp s' daure dissus.

V'là l' bon Diet qui prind s' coûse et court après noss' tchet
Qui bizeuve viès l' sôrtie èpoirtant l' bon boquet.
I file pa l'huche à craïe, Dieu clape l'huche, tot pierdu,
Et côpe li queuwe do tchet au rèze... di c' qu'est findu.

Li bon Diet, tot saisi, prind l' queuwe et, tot sondgeant,
S' dit : « V'là n' drole di parade, mais après tot, portant,
Po fer c' qui dj' voleuve fer, ça passerait, c'est certain,
Et dj'arrindgerai l'affaire qui ça n' si vièrait nin ».

A l'ovradge dissus l' côp gu'a Dieu l' père qui s' bouta.
Onque qu'a sti fin saisi, si ratte qui s' dispierta,
C'est noss' víx pére Adam, d' vôye one feume adlez li,
Qui d'geuve : « Fioz-m' les honneurs di voss' bia Paradis. »

Bunauge di c' qu'arriveuve. Adam s' lève d'on randon,
I prind l' brès d' noss' mère Eve et d'on air fanfaron,
Heureux d' polu causer, l' promoène avau l' djardin,
Tant qu'Eve, li lachant l' brès, li quitte por... on momint.

On serpint vint d'lez lèye et dit : « Waitiz vailà,
Gu'a des pommes qui pindent-nu, vos n' sauriz trover mia ;
Faut waiti d'ès sayî, si voss't homme ni vout nin,
C'est qui n' tint wère à vos, qui vos acompte po rin ».

Quand Eve vint li d'mander d' cheure les pommes au pommî,
Adam d'mèra tot paf. Eve li vèyant clinci,
Fit tant del tournisienne qui l' pôve Adam céda
Et, tot contintant s' feume, li paradis pierda.

Qui vint d' tchet grette, dist-on, vinant d'one queuwe di tchet,
Li feume, naturèl'mint, d'veuve ès r'tinre one saquoè.
Et quand elle fait l' gros dos po nos èmacraler,
Elle sait rintrer ses griffes, mais c'est po mia gretter.

Dj'ètinds dire autou d'mi qu' dji n' sos nin foirt galant.
Mi, mau causer des feumes, mi surtout qu' les ainme tant!
Quand dj' les voès si djolies, vinu m' choûter vaici,
Dji m' dis qu'esse grettè d' zelles, ça doèt co fer plaigi.

Li gland et l' cahoûte

On djoû Batisse, tot ès waitant
Combin l' cahoûte est grosse et combin p'tite est l' plante :
— A quoè sondgeuve, dis-t-i, l' Grand Maisse ès travayant?
C'est qui li cahoûte est pèsante!
Es s' place, mi dji l'aureuve pindu
Tot à l' copette d'on bia grand tchainne,
Vailà ç'aureuve bin sti mettu;
Mais l' vôye à l' terre, dji m'ès fais poinne.
C'est bin dommadge qui dj' n'euche nin stî
D'lez l' bon Diet quand i s'ès mêleuve,
Mi qu'est si foirt didins l' mesti,
Sus biacôp dji li r'mostrèreuve!
Li gland qu'est gros comme on ptit doègt,
Poquoè l'hertchi tot à l' copette?
Dji croès p'lu dire avou bon droèt
Qui sèreuve mia sur one hayette! —

. . . .

Totes ces bellès raisons li trottainnent avau l' tiesse,
— On n' sait doirmu, dis-t-i, quand on est si savant! —
Don, vollà sus les hièbes, po doirmu qui s'ayesse,
On gland li tchait sus l' nez. Ratt'mint, tot s' cotapant,
I s' rilève et do côp s' passant l' mouain sus l' visadge :
— Oh, oh, dis-t-i, dji sonne! Ah, l' Grand Maisse a raison,
Mi nez tot misbridgi m' foice à candgî d' lingadge. —
Et Batisse tot pènu r'toûne paugère ès s' maugeon!
On voèt sovint, ossi storné,
Maisse Djean qui vout r'mostrer l' curé.

Tchanson d'amour

(Musique de Fernand Lhoneux)

Voci les prés qui r'florichent-nu,
Li tchaud solia nos brouye li tiesse,
Es boès les p'tits mouchons r'dîgent-nu
Leus pus doux tchants po nos fer fiesse.

Rèfrain

Vinoz, djolie, nos enn' îrans
Sus les vôyes
Et tos les deux nos nos r'dirans
Sins rin vôye,
Les mots qu'on s' ridit tour à tour
Quand on s'ainme;
Douce tchanson d' bonheur et d'amour,
Todis l' mainme.

C'est si bia quand on a vingt ans,
Et c' bonheur-là si rattemint passe;
Mais dji vos ainmerais tant et tant
Qui po les r'grets, gnaurait pon d' place.

Rèfrain.

Ni nos astaurdgeans nin longtimps.
Ès voss' cœur l'amour si dispiette,
Po bin li fer vôye qu'on l'ètind,
Allans-ès d'viser d'amourette!

Rèfrain.

Gn'a rin d' si bon quand on est deux
Qui d'enu' aller pad'sos l'ombradge.
C'est si djoli les amoureux
Et c'est si dginti leu ramadge.

Rèfrain.

Es ètindant les mots si doux
Qui dji vos diraiss't à l'orèye,
Les andges mainmes ès sèront djaloux,
Vinoz rattemint, vinoz, fèfèye,

Rèfrain.

Li Valse des Panoramas

Pôve vîx tchestia, dj'a v'lu t' rivôye,
On m'aveuve dit qu' t'esteuves candgî;
Mais dj'a r'connu tes p'titès vôyes,
Maugré leus airs di v'lu s' catchî.
Es rappèlant mes ans d' djonnesse,
Tot heureux d' vôye qu'on t'a fait bia,
Dj'a fait c' tchanson-ci po t' fer fiesse,
Dissus l' rampe des Panoramas.

Rèfrain

O chér pays!
Vette et flori
A toè l' pompon, djè l' poux bin dire,
Divant t' biaté,
Ti douce gaité,
L'âme est todis prête à sorire.
Gn'a nu chagrin,
Ni grand tourmint
Qui d'lez toè n' coureut-nu ratte èvôye;
D'on air distrait si vaici dj' brais,
C'est qui dj' sos bunauge di t' rivôye!

Dji vos fiestèe, vôye sins parèye,
Digne di codûre ès Paradis;
Dji croès qui gn'a nin deux comme lèye,
Do fond do cœur vaici djè l' dis.

Au pid des tiennes, gn'a Sambe et Moûse,
Fiant r'glati leus aiwes au solia,
C'ess't on plaigi di suire leu coûse
Di d'sus l' rampe des Panoramas.
O chér pays! etc.

Ah qué bia sondge, aviès l' viesprée,
D'enn' aller là quand on est deux,
D'sos li stoèli, dire qu'on s'ainmée,
Es s' rabressant, gais amoureux.
Les bias p'tits ouyes di nos pouyettes
Dins l'ombe rilûgent-nu co bin mia,
Gn'a tot qu'invite aux amourettes
Dissus l' rampe des Panoramas.
O chér pays! etc.

Del tienne des biches jusqu'à Salzennes,
C'ess't on côp d'ouye qu'on n' rovie niu,
C'est totès rôses qui sont sins spennes,
C'ess't on bonheûr di tos momints.
Dji soss't amoureux di m' patrie,
On est fiér quand on est di d'là,
Et dji tchante : Vive li Wallonie!
Dissus l' rampe des Panoramas.
O chér pays! etc.

R'plèyans bagadge

(Air : *Les décorés*)

Titine, astheure quand dji vos voès,
Bin qui v' seuyoches todis djolie,
Maugré l' plaigi qu' ça m' fait, dji doès
Ni pus vôye qui v's estoz dgintie.
A cinquante ans, faut clore li djeu,
On ess't à l' saison des saints d' glace,
Les annėes ont distindu l' feu,
Murauque quand n' pitite blamée passe.

Rèfrain

On dischind l' chaule à dadaïe,
On sint qu'on va disclitchî,
Sus l'aube si gn'a co des gaïes
Gn'a pus d' dints po les crochi.
} bis.

Tot au pus, rapinsant l' djonne timps,
T'à n'awette si r'chandit-on l'âme,
Ci n'est qu' l'Esté del Saint-Maurtin.
On Esté qui n'a pupon d' flamme.
On a beau dire qu' c'est malheureux
Et braire les bias djoûs del djonuesse;
I faut fer place aux pus heureux
Es fiant noss' doû di nos djoûs d' fiesse.
Rèfrain.

V's avoz del poinne, dji sais c' qui c'est,
Ci qui m' manque ci n'est nin l'èvie,
Mais gn'a pupon d' wuitche au crasset,
Comme mi, fèfèye, vos div'noz vie.
Quand dissus l' tiesse il a nivé,
Tot ès r'connichant qu' c'est dommadge,
Es brèyant sus c' qu'ess't arrivé,
On doèt tot d' mainme plèyî... bagadge.
Rèfrain.

Comme on fait les impôts

On djoû certain Minisse,
Vèyant l' caisse si widî,
Si dit : « Faurait qu' dj'agisse
Po waiti d'y médi.

Quèn' impôt vas-dj' co mette ?
Dj'enn' a d'djà tant mettu,
Qui l' peûpe ni s'paugne one miette
Qui po m' fer des riv'nus !

Li commerce ès l' Belgique
Est tot cul d'seu cul d'sos ;
Li patron dins s' botique
Est pèlè jusqu'au dos.
Chaque côp qu'on fait n' patinte
Li p'tit commerce est d'dins,
Dji n' sais pus quoè li prinde,
I n'a causu pus rin.

Vos m' diroz bin qu' dj'impôse
Li cia qu'a des riv'nus ;
Mais, voci l' pot aux rôses,
C'est qu' ces-ti là crient-nu !
Comme dji tins foirt à m' place,
I m' faut trover n' saquoè
Qui n' djonde ni qui tracasse
Tos les cias qu'ont troès voèx.

C'est todis l' mainme affaire,
Dji n' voès pon d'aute moèyin,
R'comminci l' vie histoère
Et suire li mainme trayin.
Ni p'lant rin prinde aux ritches,
Ni fer l' guerre aux tchestias,
L'ovrî, po mougni s' mitche,
N'aurait qu' des canadas.

V'là comme au ministère
On cause contribution,
Li pôve diâle ni compte wère
Po l'administration.
On nè l' lairait tranquille,
Rit'noz bin ça tortos,
Qui quand tote si famille
Aurait l' pia djus do dos.

Sondgerie

Dins mi p'tite tchambe, co pus heureux qu'on roè,
Dji r'vins nichî si ratte qui tchait l' viesprée.
I gn'a qu'one tauve, quéques tchèyères, on muroè,
On p'tit lé d' fiér, confidint d' mes pinsées.
On n'y voèt nin c' qui fait l' gloriole des grands,
Gn'a nu tauvias, ni fleurs ni des ôreries;
Mais dj'y resconte li bonheur ès intrant.
Ah! comme aux autes, li poète donne invie!

Quand adlez l' tauve, sus quéques bribes di papîs,
Dj' fais des tchausons po ragayi mes fréres,
I m' chounc dèjà vôye tos ces braves ovrîs
Tchanter gaimint po rovi leus misères.
Momint d' bonheur qui dj' donne aux malheureux,
Vos m' payoz bin di totes les poinnes del vie,
Quand dj' les ètinds tchanter dji soss't heureux.
Ah! comme aux autes, li poète donne invie!

Nos vèyans tot avou des ouyes d'èfant,
Nos avans co l's illusions del djonnesse,
Et maugré l'âge on a todis vingt ans,
Car tos les djoûs sont por nos des djoûs d' fiesse.
Didins noss' cœur gn'a todis des tchansons,
Rèfrains djoèyeux grâce à qui tot s' rovie,
Hivier, Esté, c'est todis belle saison.
Ah! comme aux autes, li poète donne invie!

One fouye, one fleur a por nos des biatés,
Qui s' mosterrent-nu comme on phare sus noss' vôye,
Et nos trovans des bonheurs tos costés,
Bonheurs catchis, qu'on aute ni saureuve vôye.
Li coirps sus terre, li tiesse ès Paradis,
Li poète va sins awet keure del vie,
Sins y sondgî s' timps d'èpreûves est fini.
Ah! comme aux autes, li poète donne invie.

Les Cayaux

(ROMANCE WALLONNE)

On va par ci par là, courant d' tos les costés,
On z'est djonne et, chonne-t-i, faut profiter delle vie.
Maugré tot c' qu'on pout vôye di totes sôrtes di biatés,
Il ess't on coin pierdu qui jamais n' si rovie,
Ci n'est qu'one pitite reuwe, tote fayée, on vrai trau;
On s' dimand'reuve poquoè noss't esprit s'ès rappelle?
C'est qu'on est tot bunauge di r'trover ses cayaux
Et qui l' maugeonne di s' pére apparaît todis belle.

C'est vailà qu'on est né, vailà qu'on a couru,
Vailà qu'on a viqué tos les bias djoûs d'èfance.
C'est là qu'on a grandi, c'est vailà qu'ont moru
Tos les cias qu' nos aimainnes et dont n's avans sov'nance.
C'est co vailà qu' noss' cœur, s' dispiertant l' prumî côp,
A battu tour à tour po Djenne et po Marie.
Des prumèrès amours i n' dimeure pus biacôp,
Mais rin qui d'y sondgî l'âme est tote radjonnie.

Ah! quéne douce émotion dji r'sins tot v' rivèyant,
Divant mi r'passent-nu là totes mes djonnès années.
Dji n' sais causu r'waiti, car mes ouyes ès v' vèyant
Ont des lâmes aux paupîres. Comme des gottes di rosée
Elles spittent-nu, soladgeant mi pôve cœur qui s' rimet,
Es m' ramoinrnant dins l'âme on sorire et n' douce djôye.
Ah! didins n' pitite lâme, diriz bin c' qu'on y met?
Dieu sait tot c' qu'elle vout dire et tot c' qu'on y pout vôye!

Après bin des années, adlez vos dj' sos riv'nu,
Aviyi, naugi d' tot, dj'a vèyu tot au monde.
Tot d'on côp, èri d' vos gna m' cœur qui s'a sov'nu.
Sus l' côp, comme à vingt ans, n' vlà-t-i nin qui s'ènonde.
Adon dj'a raccouru m' rafûrler dins m' vix trau.
Dji n'ès sortirai pus qui po m' dairin voèyadge
Et dji mourrai paugère adlez mes vîx cayaux :
Qu'on m'èterre ètur zels comme on dairin hommadge.

Les dires des dgins

(MONOLOGUE)

Gn'a t'anawette des droles au monde,
Et dj' doès vos dire franchemint vaici
Qui gn'a n' saquoè qui m' fait confonde,
C'est tot c' qu'on dit.
Po complèter li p'tite histoère
Et po qui tot l' monde seuïe contint,
Dj' vos dirai co, si vos v'loz m' croère,
Tot c' qu'on n' dit nin.

S'on resconte on prince del finance,
On homme au gousset bin garni,
On est fier d'esse di s' connichance,
Volà c' qu'on dit.
Mais les caurs qu'il a là dins l' boûse,
L's a-t-i gangnî malhonniessemint ?
Gn'a nuque qui s'èbarrasse del soûce,
On nè l' dit nin.

Si passe one feume djonne et djolie,
Tot l' monde li r'waite avou plaigi,
Po lèye on f'reuve voltî n' folie,
Volà c' qu'on dit.
Mais l' coton qu'elle a dins l' coirsadge,
Faux-cul, faussès tresses, faussès dints,
Et l' coleur plaquée sus l' visadge,
On nè l' dit nin.

Fait deur à viquer dins l' Belgique;
Astheure, dis-t-on, po s'arritchi,
I nos faut paurti po l'Afrique,
Volà c' qu'on dit.
On fait grande fiesse au cia qui paute,
Mais l' bon Diet sait combin l'ès r'vint,
Dins c't affaire-là c'est comme po l's autes :
On nè l' dit nin.

Si l'homme qu'a l' moèyin fait n' biestrie,
On est plein d'indulgence por li,
On a d's èscuses po ses folies,
Volà c' qu'on dit.

Mais si l' pauve qu'a todis l' bèsace
Tcherrie on côp foû do droèt tch'min,
Por li n' faut nin qu' djonnesse si passe,
On nè l' dit nin.

Quand on cause d'amour aux bauchelles,
D'lez zelles on s' fait todis li p'tit,
On dôreuve mainme si vie por zelles,
Volà c' qu'on dit.
Quand elles ont chouté nos fafloûtes
Et qu' l'amour èva doucettemint,
Si n' leu z'avans conté des boûdes,
On nè l' dit nin.

Quand on va s'whaitî n' bonne année
Au vix mononque di caurs impli :
« Viquez co mille et mille djournées ! »
Volà c' qu'on dit.
Mais dins l' fond d' l'âme c'est tot l' contraire,
On s' dit : « si pôreuve moru d'moin ! »
Mais on a portant sogne di s' taire,
On nè l' dit nin.

Quand po z'agrandi noss' moinnadge
On èfant vint prinde dgîse au nid :
« I r'chonne si pére, c'est tot s' visadge ! »
Volà c' qu'on dit.
Mais si l'èfant par astchèyance
A tos les traits di voss' cousin,
Comme on vos voèt di douce croèyance,
On nè l' dit nin.

Si sus vos coines v's avoz quèques rôyes,
C'ess't on moèyin d' vos fer displi.
Padrî voss' dos, t'avau les vôyes,
Bin vite on l' dit.
Mais s'on n' trouve à dire sus voss' compte
Qui des affaires po v' fer do bin,
Dins c' fin d' siéque-ci po rin ça n' compte,
On nè l' dit nin.

(D'après la composition Liégeoise de M. Simon Radoux.)

Vîx Ramadges

(AIR : *Mi feume ni vout nin*)

Dédié à M. Fabrion.

V' diroz qu' dji n' sos qu'on vix pépére,
Tot au pus bon po barboter,
Et qui dj' freuve mia d' dire on patére,
Putôt qu' di v'nu vaici tchanter!
Dji sais bin qui dji n' sos pus djonne,
Dj'a chaurdès dints, dji sos tchènu!
Quand dj' voux tchanter, gn'a m' voèx qui tronn
Et dji n'ès poux pus! (4 fois)

Malheureusemint gn'a tot qui passe,
Bon pîd, bon ouïe et cétèra!
A poinne s'on pout co r'trover l' trace
Di tot l' disdû di c' bon timps-là!
Alôrs gn'avait qu' des camarades,
Des vrais wallons, tos bons viquants,
Échonne fiant totes leus couyonnades,
Comme tos bons èfants! (4 fois)

Ès c' bon timps-là, quand nos grands-péres
Avainnent l'idée di s'aloyî,
I's ès n'allainnent d'lez nos grands' méres
A l' bonne franquette po s'afiyî!
I's purdainnent po s' mette ès moinnadge,
One brave bauchelle, fleûr di vertu,
Qu'aveuve do cœûr et do coradge!
Astheure, ça n' compte pus! (4 fois)

On court après des grandes mam'zelles,
Qui djouent-nu totes sôrtes d'instrumints.
Po leu toèlette et po s' fer belles,
Elles n'ont nin d' trop d' tos leus momints.
On ainmeuve mia d' noss' timps, Nanette,
On simpe loyin didins les tchfias!
Les crolles qui volainnent dins l'hanette,
C'estait co l' pus bia! (4 fois)

On cause on français.d' Gerbussée,
R'noyant l' patoès di nos parints,
Tot l' comachant on l' pestèlée.
On fait del biesse à tos momints!
Mainme quand elles n'ont ni cu ni tiesse,
Di France on tchante totes les tchansons!
C'est l' vrai qu'on n' trouv'reuve rin d' si biesse
Dins nos tchants wallons (4 fois).

On n' cause pus di p'titès chaumières,
Comme au bon timps di nos vingt ans,
Car les bauchelles sont télmint fières
Qu' leu cœûr est moirt tot s' rècrestant!
On saurot ci n'est pus n' bonne mîge,
Faut mette one fraque, poirter tchapia,
On n'aureuve qu'on boquet di tchmîge,
Qu'on sèreuve co l' bia! (4 fois)

Ah! di nos djoûs, v'nant candgî l' monde,
C'est l'ambition qu'a tot pièrdu!
Les dgins n' sondgent-nu qu'à s' fer confonde
Et fer do grand po s' fer valu!
Li vie astheure n'est pus qu'one coûse,
One vraie five d'ôr et di grandeus,
Maugré qu'on euïe li diâle ès l' boûse,
Gn'a pus qu' des monsieus! (4 fois)

C'est mi, c'est li!

(Duo)

DJOSEPH

Vos l' vèyoz, nos estans n' dgermalle
Qu'ont vèyu l' lumière li mainme djoû.
Nos avans tos les deux l' mainme balle,
On nos a t'nus dissus l' mainme choû.
Do timps qu' nos estainnes à fachette,
Qu'onque di nos s' rovieuve dins ses draps,
Noss' mère digeuve, sintant... l' violette :
« Mon Diet, l'quéque est-ce qu'a co fait ça? »

EDMOND

Elle digeuve mi,

DJOSEPH

Est-ce mi, est-ce li?

ECHONNE

C'est mi, c'est li,
C'est li, c'est mi,
C'est mi, c'est li,
C'est li, c'est mi, } bis.
C'est mi, c'est li,
C'est li, c'est mi!

EDMOND

Pus taurd quand nos allainnes ès scole,
Quand onque di nos deux fieuve li tchet,
L'aute racouteuve taut d' babïoles
Qu'on n' savait jamais l'quèque c'estait.
Quand on djoueuve avau l' maugeonne,
Si m' frère ou mi fieuve do trayin,
On arrindgeuve l'affaire à l' bonne,
D' s'y r'connaiche gn'avait pus moèyin.

DJOSEPH

Eh Man! c'est li!

EDMOND

Il a minti.

ECHONNE

C'est mi, c'est li, etc.

DJOSEPH

Quand n's avans sti vôye les commères,
Nos vèyainnes les mainmes tos les deux,
Et tour à tour, fiant paurt di fréres,
Nos passainnes des momints djoèyeux.
Quand ou p'tit raccroc survineuve,
S'on v'neuve nos fer n' rèclamation,
Nos respondainnes à l' cenne qui v'neuve
S' plainde adlez nos di s' position :

EDMOND

Est-ce mi, est-ce li ?

DJOSEPH

Est-ce li, est-ce mi ?

ECHONNE

C'est mi, c'est li,
C'est li, c'est mi, etc.

EDMOND

Mi frère Djôseph, l'année passée,
Marie one commère d'avaur-ci.
Li djoû del noce aviès l' viesprée,
Li p'tite feume waite après s' chèri.
V'là qu'elle nos r'luque à tour di rôle ;
Comme one pierdeuwe elle nos r'waitait
Et quand elle a r'trové l' parole,
Ça sti po dire : « Dji n' sais l'quèque c'est ! »

DJOSEPH

Où c' qu'est m' fifi ?

EDMOND

Est-ce citi-ci ?

ECHONNE

C'est mi, c'est li,
C'est li, c'est mi, etc.

ECHONNE

Vos v'là dins l' mainme imbarras qu' lèye,
Bonnès dgins qu' nos choûtez vaici :
Douviant vos ouyes et vos orèyes,
Vos n' savoz nin l'quéque applaudi.
Po z'esse sûrs di n' rin fer d' contraire,
Et fer deux contints, deux heureux,
Si noss' scôliette a p'lu vos plaire,
Applaudichoz-nos tos les deux.

EDMOND

Por mi, por li,

DJOSEPH

Por li, por mi,

ECHONNE

C'est mi, c'est li,
C'est li, c'est mi, etc.

L'Innocinte

(Annuaire du Caveau Liégeois, 1897)

Nos ès n'n'allainnes à binde do costé d' Falaën (1)
Aux vacances di Septimbe, tot l' long del Molignée,
A visiter Montaigle (2) qu'on resconte sus li tch'min.
Nos avainnes fait convenance di passer noss' djournée,
Florichant nos habits, riant comme des bossus.
Nos coudainnes quèquès fleûrs qui crèchainnent dissus l'haïe,
Quand v'là qu'one feume qu'esteuve à stoc d'on pan d' muraïe
S'avance ès d'geant : « M' pauve andge, nì l'avoz nin vèyu?

» Dji voès todis l'èfant, quand po s' dairin adiet
Dins ses chaurnés p'tits ouyes on vèyait r'lûre one flamme;
I's aurainnent fait djaloux li stoèlî do bon Diet
Où c' qui les dgins digent-nu qu'est rèvolée s' djonne âme.
Ses blonds tch'fias r'glattichainnent comme li ciél d'audjourdu,
Ses massales ravisainnent deux rôses frisses et bin v'nantes,
Ses dints chonnainnent des pielles ètur ses leppes ross'lantes.
Digeoz, mes bonnès âmes, ni l'avoz nin vèyu?

» On m'a bin dit, c'est l' vrai, qui c'esteuve po todis,
Qui Diet, l' vèyant trop bia po nos l' lèyî sus l' terre,
Estait v'nu l' rappèler po l' mette ès s' Paradis
Et qu' c'estait po s' bonheur qu'il estait v'nu l' rìqwère.
Mais ça dji nè l' poux croère, l'èfant n'est nin pièrdu;
Et c'est po l' ritrover qui dj' vas pa t'avau l' vôye.
Maugré tot c' qu'on pout dire, gn'a s' mère qui vout l' rivôye.
Digeoz, mes bonnès âmes, ni l'avoz nin vèyu?.. »

Nos d'mèrainnes tot saisis, nuque di nos n' respondait,
Qu'auriz volu responde divant n' douleur parèye?
Li pauve mère tote ès lâmes adlez nos rattindait
Et n's ètindainnes todis s' douce plainte à noss't orèye.

---

(1) Falaën, en wallon Falahin, village de la province de Namur (Vallée de la Molignée).

(2) Montaigle, Ruines de Montaigle (Vallée de la Molignée).

Alôrs one paysante nos arainne ès passant
Et dit : « Si v'nait l' riqwère, Diet li f'reuve one belle grâce ;
Elle est todis vaici, causant à tot qui passe ;
C'ess't one mère div'neuwe sotte d'awet pierdu s't èfant ! »

On disbautchî

(Air : *Avec les dames faut toujours être galant)*
» Le vers en bis *(C'est elle-même qui me l'a dit)*

Vos vos d'mandoz poquoè dji n' sos nin gaie
Et poquoè dj' prinds on visadge anoyeux ?
C'est qu' dj'a dins l' cœur one douleur foite et vraie
Qui fait m' tourmint, qui m' rind bin malheureux.
Vos m' dimanderoz ci qui gn'a qui m' chagrine
Et poquoè mi, qu'est l'èfant do plaigi,
Dji vins d'lez vos tchanter fiant n' pèneuwe mine ?
Dji vas vos l' conter vaici (bis).

Dji r'çoès l'ôte djoû, franco pa grande vitesse,
One croèx d'honneur qui m' vineuve di Dinant.
Mi, dècoré ! Comme on foû dji m' rècresse,
Dj'esteuve djodjo comme on tot p'tit èfant.
C'esteuve ès couque, mais c'esteuve magnifique,
Et dji m' digeuve : Ça f'rait d' l'effet, cristi !
Quand djè l' boutrais sus l'habit d' gârde-civique !
Gn'a m' gamin qui l'a mougnî (bis).

Comme c'est l'usadge, ès brouye avou m' belle-mère,
Po des tchitcnaïes et po des vesses di tchins,
Nos berdèlainnes ès nos cachant misères
Por one biestric et sovint po des rins.
Di ces djoûs-ci, tot rispaumant ès Moûse,
Elle pique one tiesse. Dji m' dis : Djean, t'es vindgî
D'on ôte costé, comme on foû dji prinds m' coûse,
Mi belle-mère saveuve bagnî !.. (bis).

Comme on m' digeuve : « Toè, Djean, t'as co del chance
A l' loterie, ti duvreuves prinde des billets ? »
Dji m' dis : possibe, por on cóp d'astchèyance,
Di c' costé-là qui dj'aureuve do succès.
On tire et tot à l' copette do programme,
Dji voès d'emblée qui dj' gangneuve li gros lot.
Mais n' v'là-t-i nin qu'on m' dit, quand djè l' rèclame :
« On s'a brouyî di numèro !.. » (bis).

Gu'enn' a comme mi qui n' veignent-nu dissus l' terre
Qui po z'awet des èguignes, et todis
One drache s'annonce, c'est sur mi qu'elle doèt tchaire,
C'est mi qu'attrappe tot c' qu'est po fer displi.
Si d' l'ôte costé li bon Diet m'ès tint compte,
Dji n' sèrais nin dins les pus mau mettus.. ;
Mais dji vos scôye avou tot c' qui dj' raconte,
C'est d'jà tot, n'ès causans pus (bis).

L'èfant

Djean-Pierre est là, ramadgeant sus Marie,
D'lez li p'tite bérce di l'èfant èdoirmu.
Il est d'jà taurd et Djean-Pierre a bèvu,
I rinterre soûl po l' prumî côp di s' vie.

Li pôve Marie à poène l'a respondu.
L'homme qui n' sait quoè, tot seû berdelle et crie ;
Adon doucemint, po l' rapaugî, Marie
Li dit : « Doirmans, nos estans si taurdus ! »

Mais v'là qu' dins s' bèrce l'èfant tosse et sommadge
Et l'homme et l' feume ont stî vôye ès tronnant.
Dèdjà, paugère, si rèdoirmeuve l'èfant.

D'sos les ridias, visadge tot conte visadge,
Djean-Pierre et s' feume annoyeux si r'waitent-nu,
Et l'homme digeuve tot bas : « Dji n' boèrai pus ! »

Tchanson d' flemme

(Air : *Mi p'tit tampon*)

Ah qu'il est doux di s' ripoiser
Quand on a fait si ptite djournée,
C'ess't adon qu'on pout s'amuser
Et fer rôler li p'tite tournée.
C'est si bon di fer l' fainéant,
Di fer l' nawe avou rin dins l' tiesse,
Di s' sitaurer tot s'èdoirmant,
Ça boute vraimint li cœur ès liesse.

Rèfrain

Volà poquoè sins pus d' façons
Dj'a battu n' flemme didins m' tchanson.

On a fait des tchansons sus tot,
Sus l' bîre, sus l'amour et l' potée,
Sus les caurs, sus Nameur po tot
Et surtout sus li p'tite crolée;
On n'n'a tant dit sus les galants,
Sus l' politique et sus l' sciaince,
Sus les bourriques et les savants,
Qu'on z'ès d'vint sot quand on z'y pinse.
Rèfrain.

Pusqu'on n' m'a pon lèyî d' sudget
Et qui faut tchanter po n' rin dire,
Dji d'meure là comme on perroquet
Et dji n' trouve rin po vos fer rire.
Dj'a beau m' mettė l'esprit cotoirdu
Po trover n' pitite couyonnade,
Dji sos comme on couyet modu
Qui n'est nin d' foice à l' pasquinade.
Rèfrain.

Li p'tit boès d' sapin

Rèfrain

Li p'tit boès d' sapins
N'n'a vèyu des droles,
S'il avait l' parole,
Ni fuche qu'on momint,
Dji croès qui l' coquin
N's ès direuve des droles,
S'il avait l' parole,
Li p'tit boès d' sapins.

Dins li p'tit boès qu'est vailà dri l'urée,
A deux, fèfèye, nos allainnes promoinrner,
Et c'est todis quand tchèyeuve li vièsprée,
Disos s't ombradge qui dj' voleuve vos moinrner.
Comme c'esteuve bon quand li lune si catcheuve
Et qu' doucettemint dji m'aspouyeuve d'lez vos.
Li nûlée yutte, quand li lune si r'mostreuve,
Elle chonneuve rire vailà tot au-d'seu d' nos.
Rèfrain.

Di tos les copes qui gna didins l' villadge.
Il a vèyu tos les tours amoureux;
Ès leu prustant l' sûr appui di s't ombradge,
Ès confidint discret des djoûs heureux.
Li vint qu' soffelle ètur les fouyes vint r'dire
Tos les aveux, tos les pus doux sermints
Dont on s' rappelle et qu'on vôreuve ridire
Comme nos les d'geainnes aux djoûs di noss' djonne timps.
Rèfrain.

Astheure, fèfèye, qui noss' tiesse est blanquie,
N's avans co bôn vaici, tot l' rivèyant;
On n' pout nin iesse et awet stî dins l' vie,
Quand on d'vint vîx, c' qu'est yutte ess't annoyant.
Il est co vette comme au timps d' noss' djonnesse,
Quand one coche mourt, one ante a d'jà crèchu,
C'est tot-à-fait l'imaudge di noss' vyesse,
Car po tortos l'amour n'est nin pierdu.
Rèfrain.

Sermint d' soulée

(MONOLOGUE)

Minique, ça c'est connu, c'est fine fleur di soulée.
Si pôve feume ès l' maugeonne d'meure todis disseulée.
Quand noss' Minique rinterre, c'est po moinrner s' trayin,
Sayî dè l' fer candgî, c'est v'lu piède si latin.
Ni pa belle ni pa laide, c'est tot comme s'on tchanteuve;
Maugré tot c' qu'on plait dire, au pus foirt i bèveuve.
Et portant dérenn'mint, mais c' n'a stî qu' por on djoû,
Pa pîtié po s' pôve feume, Minique a filé doux.
— Dji n' boèrais pù jamais, dji sèraiss't on modèle,
Vos vièroz qu'à m' promesse dji sèrais bin fidèle;
Ossi rate distellé, si ratte dji rinterrerai,
Et comme on ptit saint Djean adlez vos dji r'vairai. »

Ainsi causait Minique. Dè l' vôye tot ptit dlez lèye,
Li feume choûtait, saisie, n'ès plant croère ses orèyes.
— Dji f'rai tot c' qui dj' pôrais po plu vos soladgî;
Ci qui n' vos plairait nin, mi djè l' frai sins taurdgi. »
Li dît noss' convérti. — Nos voèrans ça , diss't-elle,
Ni s' fiant qu'à mitant sus n' promesse ossi belle.
Elle si d'geuve ès lèye-maiume : « Ça sèreuve-t-i di d' bon,
Et Minique aureuve-t-i chouté l' voèx delle raison? »
Tot rota bin portant, du moins djusqu'à l' viesprée.

A c' momint-là Minique li dit : « Chére binainmée,
I nos faurait fiester on djoû comme audjourdu,
I compterait dins noss' vie, i faut nos ès sov'uu.
Et po bin vos mostrer qu' c'est vos qu' poite li culotte,
Tinoz, volà deux francs, allez-ès fer n' ribotte? »
— Est-ce qui vos div'noz foû, diss't-elle, ohi, sûrmint?
— Commint! li dit Minique, ainsi vos n' voloz nin?
— Non, dit l' feume, dji n' voux nin, m' vèyoz s't avau les vôyes!
Dji freuve bin rire di mi les cias qu' pôrainnent mi vôye!
— Enfin, respond Minique, dji n' poux nin v's oblidgi,
Et po vos fer plaigi, dj'y vas. Allez coutchi.

Les p'tites ovrères di Wallonie

On pout les vôye tot au matin,
Vinant di tos les coins del ville
A l'atèlier d'on air contint,
Elles enn' èvont d'on pas tranquille.
Leu ptit d'vantrin frisse et coquet
Les rind si dginties et si belles,
Qui vos diriz vôye on bouquet
Fait d' totès fleurs les pus novelles.

Rèfrain

Et tot l' long del vôye on ètind
Dire qu'elles sont chaurnées et djolies,
Quand elles passent-nu taurd et matin,
Les p'tites ovrères di Wallonie.

Volant follemint dissus leu front
On voèt s'aligni des frisettes,
Adon co d's autes one miette pus lon
Qui r'crolent-nu tot au long d' l'hànette.
Comme on anzin c'ess't ayessi
Po p'lu ferrer l' cia qu'on agùigue,
Gna nin d' quoè plainde li cœur pici
Quand one si djolie moain tint l' ligne.
Rèfrain.

A l'atèlier tot ès cosant,
Les linwes rotent-nu comme des lavettes,
Totes les confidinces à vingt ans
Rôlent-nu todis sus l's amourettes.
Comme one bressie d' fleurs di prétimps,
Elles sont là djolies et rosselantes,
Et si comme zelles elles n'ont qu'on timps,
Comme zelles leu djonnesse nos estchante.
Rèfrain.

On les r'voèt cor ès distellant,
A droète, à gauche, totes èfouffées,
Aller r'trover tot z'èrallant
Leu galant qu' rattind sus l' pavée.
A leu z'âge l'amour est d' saison,
Et quand à leu p'tit cœur i cause,
Dji dirais po fini m' tchanson,
Qui dj'èsvie li cia qu'enn' est cause.

Rèfrain

Et tot l' long del vôye on ètind
Dire qu'elles sont chaurnées et djolies,
Quand elles passent-nu taurd et matin,
Les p'tites ovréres di Wallonie.

Au Catéchisse

(MONOLOGUE)

En âge di fer ses Pauques, Gugusse a prètindu.
Li curé l'examine et Batisse est strindu :
— Didins l' Sainte Trinité, combin gn'a-t-i d' persônnes ?
Gugusse qui n' sait responde a d'jà tot s' coirps qui tronne.
— Allons, m' fils, dit l' curé, n'euchoz nin peu comme ça ;
Mais c'ess't augi comme tot, ci qui dji vos d'mande là !
Waitans, ès voss' maugeonne, d'geoz-m' combin v's avoz d' vatches ?
A c' question-là, Gugusse sint riv'nu tot s' coradge,
Et respond : — Ès l' maugeonne i nos ès d'meure co troès :
Gn'a l' rodge, li noire et l' blanque qui vint d'au grand Francoès.
— Foirt bin, riprind l' curé, faurait waiti d' ritinre
Qui Trinité c'est troès. Dji n' sèrais pus si tinre
On aute côp, dj' vos prévins, sinon v's sèroz r'mettu.
. . . .
V'là qu' saquants djoûs après, l' curé, l'air ètindu,
Interroge co Gugusse, todis sus l' mainme affaire :
— I gn'a quate, dit l'èfant, qui s' ritint po n' nin braire.

— I gn'a troès, dit l' curé, dji v' l'a co dit l'aute djoû.
— Djè l' sais bin, dit Gugusse, qu'est sûr di s' satchî foû;
Mais dispeu nos avans des novelles ès l' maugeonne,
Si v' pinsez qu' dj'a minti, nos irans vôye èchonne.
Quand v' m'avoz causé d' ça, c'esteuve aviès londi,
Gn'aveuve troès; mais noss' blanque a donné s' via maurdi!

Marinette

Nos irans coude des neuges au boès,
Digeuve Djean-Pierre, dji m'ès rafie,
Dispètchans-nos ratte, car dji croès
Qu'il est grand timps, mi p'tite djolie.
N'ètindoz nin dins les bouchons
Les tchants djoèyeux des p'tits mouchons?
Tot nos invite à l'amourette,
Marinette!

Bintôt vairait l'arrière-saison,
I faut mette à pont noss' djonnesse
Et fer sonner rires et tchansons
Tant qui l' solia nos tchauffe li tiesse.
N'ètindoz nin tot au-d'seu d' nos
Li tchant d'amour qu'on dit por vos?
C'est l' doux ramadge di l'aulouette,
Marinette!

Marinette a choutè s' galant,
Li Diet d'amour a fait des sennes.
Après les rôses des prumis ans,
Gn'a s' cœur qu'enn' a connu les spennes.
Po fer profit di s' bia prètimps,
I faut fer tote affaire à s' timps
Et n' nin crochî les neuges trop vettes,
Marinette!

Si dj'esteuve mouchon

Si dj'esteuve mouchon, disployant les ailes
Dj'enn' ireuve voler d'sos l' ciel do bon Diet,
Aux faustries do monde dji direuve adiet,
Catchant à tortos mes amours fidèles.
Por zels dji dôreuve mi pus belle tchanson.
Tot ramadge d'amour ess't on bia ramadge
Et c'est todis li qu' s'reuve mi fafouyadge,
Si dj'esteuve mouchon! (bis).

Si dj'esteuve mouchon, mi chère binainmée
Vol'reuve adlez mi sins jamais m' quitter,
Èri des djaloux, nos s'rainnes èpoirtés
Et dji n' viqu'reuve pus qui po l' feume ainmée.
C'est lèye qui sèreuve mi vie, mi raison,
Dji n' vièreuve pu clair qui pa ses bias ouyes.
Comme nos nos aimerainnes à l'auge d'zos les fouyes,
Si dj'esteuve mouchon! (bis).

Si dj'esteuve mouchon, l'âme tote ès liesse,
Tchautant l' liberté d'sos l' lûgeant solia,
Dj'ireuve sins soucis, tot m' paraichant bia,
Li cœur wide di doû, l'âme wide di tristesse.
Tote saison d'amour parait belle saison,
Li crolé n' connait qui gaiès samoinnes,
Et dj' vôreuve todis qui c' seuïe li qui m' moinne,
Si dj'esteuve mouchon! (bis).

Si dj'esteuve mouchon, dins l' fond do boscadge
Noss' nid s'ayèss'reuve au pus spais do boès,
Et vailà, fèfèye, s' commèl'rainnent nos voèx,
Tchantant nos amours didins l' vette fouyadge.
Aviét li stoèli mont'reuve noss' tchanson,
Douce à d'ner d' l'èvie à tot c' qu'est sus terre,
Et tot c' bonheur-là, dji n' saureuve li taire,
Si dj'esteuve mouchon! (bis).

Tot c' qui dji n' woise dire

On djoû dj'a fait n' pitite tchanson,
Po plaire à Nanette,
Elle esteuve sins rime ni raison,
Car dj'y voleuve mette
Tot c' qui l'amour sondge di doux mots,
Dj'a volu les s'crire,
Po qui m' chére ainmée seuche bin tot
Tot c' qui dji n' woise dire.

Rin d' si chaurné qu' si ptit minoès,
Gn'a pupon comme lèye,
Rin d'ossi doux qui si ptite voèx
Ni sonne à l'orèye.
Dins l'ombe quand ses bias ouyes lûgent-nu,
Sondgeant à sorire,
Vaici mes pauves coplets digent-nu
Tot c' qui dji n' woise dire.

Lèdgire comme li faubitte des tchamps,
Pus blanque qui l' passerôse,
Elle tchante et dj'advine dins ses tchants
Tot on prétimps rôse.
Ès l' choûtant, m' pauve cœûr est rimpli
D'amoureux délire,
Et c'est m' tchanson qui dit por li
Tot c' qui dji n' woise dire.

Dji finis là mi p'tite tchanson,
Po plaire à Nanette.
Bin qu'elle seuïe sins rime ni raison,
Dj'a sayî d'y mette
Tot c' qui l'amour sondge di doux mots;
Dj'a volu les scrire,
Po qui m' chére ainmée seuche bin tot
Tot c' qui dji n' woise dire.

L' mouchon dins s' gayole

Comme les poètes, les mouchons, po tchanter,
Ont dandgî d'air, di liberté, d'espace;
Didins leus tchants nos l's ètindans conter
Tos les p'tits s'crets qu'on s' dit quand l'amour passe.
Mais quand il est prigeonní, l' pauve mouchon
N' pout grusiner qu'one douce plainte qui s'èvole,
Et c'est des lâmes qu'on sint dins ses tchansons,
Quand li mouchon tchante tot seû dins s' gayole.

Mais quand il a n' douce compagne adlez li,
Roviant s' misère po fiester l's amourettes,
Li p'tit mouchon qui tint l'amour au nid,
Po li fer fiesse riprind ses tchansonnettes.
Comme one riv'nance des campagnes et des boès,
Didins s' prîgeon c'est l'amour qui l' console,
C'est tot heureux qui r'trouve si pus belle voèx
Et qui l' mouchon tchante l'amour ès s' gayole.

Si d'astchèyance l'amour ni respond nin
Et qui s' compagne ni fait rin po l' complaire,
Li pauve mouchon riprind s't air mau contint
Et l' pus bia tchant n'a pus rin qu' pout li plaire.
A ses p'tits ouyes gn'a rin qui ragayit,
Tot paraît sombe au mouchon qui s' dèsole,
Et quand l' tristesse rivint prinde dgîse au nid,
Li p'tit mouchon ni tchante pus dins s' gayole.

I faut fer tot po rit'nu l' prigeonnî
Quand on a seu l'èwalper dins ses laces,
Po qu' si p'tit cœur euche l'air d'iesse rapaugi,
I faut qu' tote poène par on doux mot s'efface.
Qu' l'amour todis wèye ses naits et ses djoûs.
Waitiz-y bin, peu qui l' mouchon n' rèvole,
Et di s' bonheur i faut v' mostrer djaloux,
Po qui l' mouchon d'meure paugère ès s' gayole.

Au sièrmon

(MONOLOGUE)

On djoû, Batisse del Plante, va st'à messe à Wépion.
Li curé monte au prône et commince li sièrmon.
I prètcheuve justumint sus l' mèpris des ritchesses;
I causeuve tèlmint bin qui r'moueuve totes les tiesses.
Les lâmes spittainnent des ouyes, rin qu'ès l' choûtant d'viser
Sus les misères des dgins, pus grandes qu'on n' pout pinser.
Li voèsin da Batisse, qu'aveuve les ouyes tos rodges,
Li dit, l' vèyant sérieux : « Ça n' vos touche nin vos, ça ? »
Mais noss' Batisse respond : « Mi! tot c' qui raconte là?
Qu'est-ce qui vos v'loz qu' ça m' faie? Dji n' sos nin del parodge! »

Li salade aux crètons

(AIR : *T'en souviens-tu?)*

A mon ami Joseph Cabu.

Di v'lu tchanter si vaici dj' fais l'èqwance,
C'est po m' vindgî di tot c' qu'on dit sur mi.
On m' fait passer por on vrai Pierre à s' panse,
On dit qui l' tauve est l' pus grand d' mes plaigis.
Si dj'ainme d'ètinde li tic tac des assiettes,
Dji n' sos nin glot, por mi c'est todis bon,
Et c' qui dj'ainme mia vôye au d'bout di m' forchette, } bis.
C'ess't one pougnie di salade aux crètons. }

Mi dji n' tins wère à tos les plats qu'on vante,
A tos les cias qui sont d' môde audjourdu,
L' vix plat d' quèwis, comme on mougneuve ès l' Plante,
Et n' bonne platnée d' canadas foirts bolus,

A m' vinte savent-nu vinu fer n' douce risette,
I n' mi faut qu' ça po fer gletter m' minton.
Mais c' qui dj'ainme mia vôye au d'bout di m' forchette, } bis.
C'ess't one pougnie di salade aux crètons.

Comme au villadge tot autoû d'one grande tauve,
Tortos èchonne et sins fer d's embarras,
Dj'ainme à mougni tot raçontant des fauves,
Nos plats wallons tot gârnis d' canadas.
Adon veignent-nu nos ptitès tchansonnettes,
Totes les pasquées do vîx pays wallon.
A l' place d'honneur dins c't'elle-ci dj'a v'lu mette } bis.
One bonne pougnie di salade aux crètons.

Quand dj' pudrai n' feume, po z'adierci m' moinnadge,
Elle n'aurait nin dandgi di s' cotaper,
On boquet d' laurd, on p'tit boquet d' fromadge,
C'est tot c' qui m' faut tos les djoûs po soper.
Po m' fer plaigi, sins d'vu s' mette ès purettes,
S' elle voût qu' l'amour faie ètinde si tchanson
Et qu' dgintimint djè l'abresse à picettes, } bis.
Elle n'a qu'à m' fer del salade aux crètons,

Dj'a causé d' feume et dji voès des mamzelles
Qui m' clignent-nu l'ouye comme po dire : « Vos n'. dèci ».
Dji sais foirt bin qu' gn'a qu' des bellès bauchelles
A totes nos fiesses et qui dj' n'ai qu'à tchoèsi.
Mais djè l' dis cor et vaici djè l' rèpète,
I m' faut n' commère, comme dji dis dins m' tchanson,
Et dj' marierai, po fini l' tchansonnette, } bis.
Li cenne qui m' f'rait del salade aux crètons.

Fleûr moite

Douviant mi p'tit live di prières,
L'aute djoû dj'a r'trové
One pauve pitite fleûr di bruyères
Qui vos m'aviz d'nè.
Ètur les fouyes one miette djanies,
Li fleûr si disfiait,
Et del rivôye ainsi flanie,
Anoyeux, dj' brèyais.

Rèfrain

Tot comme les fleûrs, nos pus bias songdes
Sus l'aile do timps sonss't èpoirtès.
Quand on bonheûr vint s' présinter,
Vite i rèvole sins qu'on z'y songde.

Les lâmes, ès spittant d' mes paupires,
Mouyainnent li papî,
Dji rapinsais m' djonnesse ètire,
Mi bonheûr rovî.
Tos les bias songdes astheûre èvôyes
Dissus l'aile do timps,
Comme les fouyes chovées sus les vôyes,
Au caprice des vints.

Li fleûr est tchèyeuwe ès poussère,
Spiyie dins mes mouains.
Des chères sovenances qu'elle m'a fait braire
Et dont dj' voès l' lend'moin,
I n' dimeure pus rin qui console.
Bin lon èri d' mi,
Comme li fleûr moite, li songde èvole
Et tot est fini.

Sondges dorés do prétimps del vie,
Qui nos fians tortos,
Jamais noss' cœûr ni vos rovie,
Vos riv'noz d'lez nos;
Comme one riv'nance di noss' djonnesse
Qui vos rappèlez,
A poinne nos avoz fait caresse
Qui vos rèvolez!

TABE DES MATIÈRES

Des presses de
L. & A. Godenne, Editeurs
à Malines

www.ingramcontent.com/pod-product-compliance
Ingram Content Group UK Ltd.
Pitfield, Milton Keynes, MK11 3LW, UK
UKHW020554180726
13838UKWH00001B/233

9 782329 007809